JN093122

懐かしくて新しい「銭湯学」

お風呂屋さんを愉しむ とっておき案内

庶民文化研究家
町田忍 監修

ようこそ銭湯へ

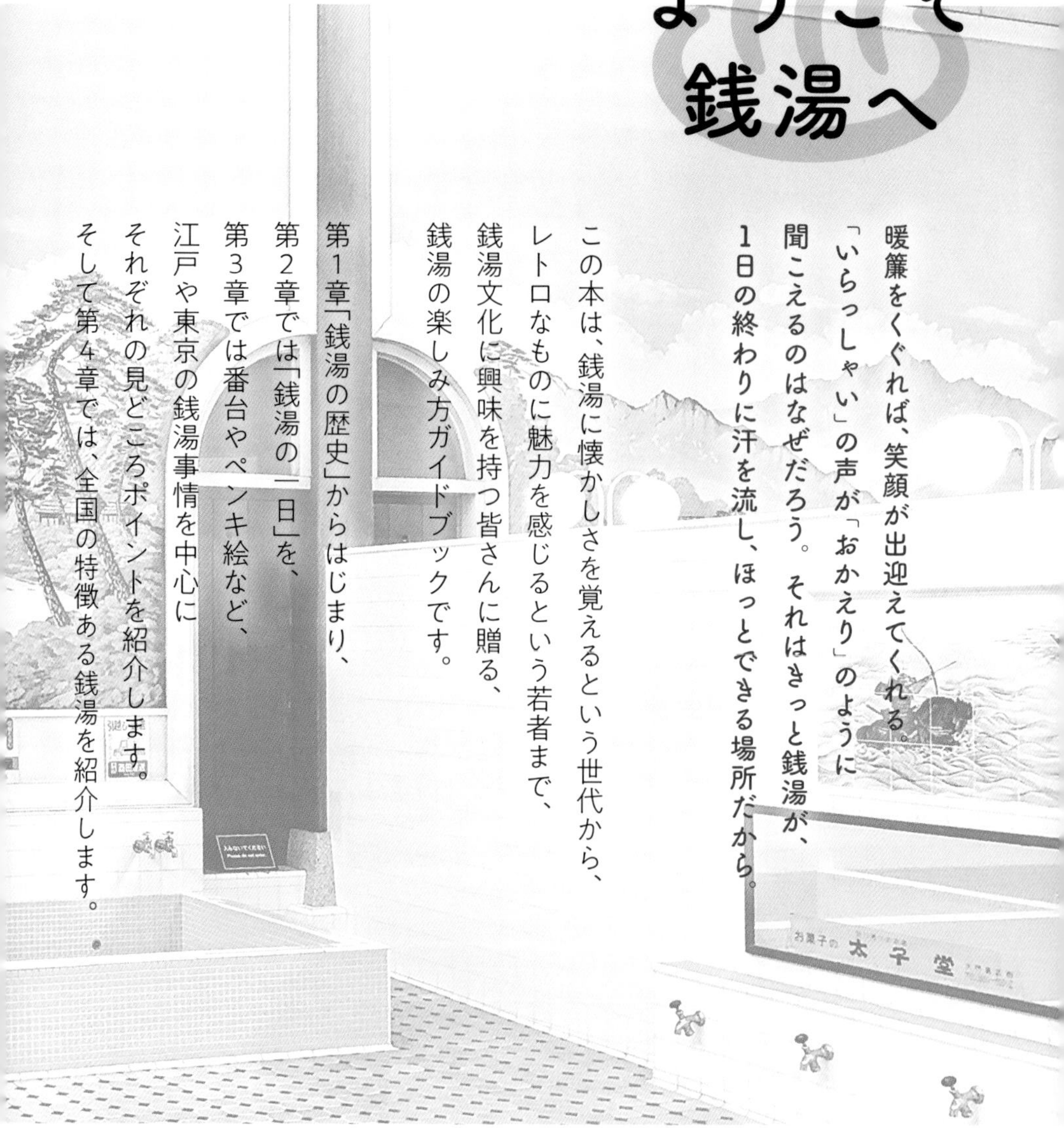

暖簾をくぐれば、笑顔が出迎えてくれる。
「いらっしゃい」の声が「おかえり」のように
聞こえるのはなぜだろう。それはきっと銭湯が、
1日の終わりに汗を流し、ほっとできる場所だから。

この本は、銭湯に懐かしさを覚えるという世代から、
レトロなものに魅力を感じるという若者まで、
銭湯文化に興味を持つ皆さんに贈る、
銭湯の楽しみ方ガイドブックです。

第1章「銭湯の歴史」からはじまり、
第2章では「銭湯の一日」を、
第3章では番台やペンキ絵など、
江戸や東京の銭湯事情を中心に
それぞれの見どころポイントを紹介します。
そして第4章では、全国の特徴ある銭湯を紹介します。

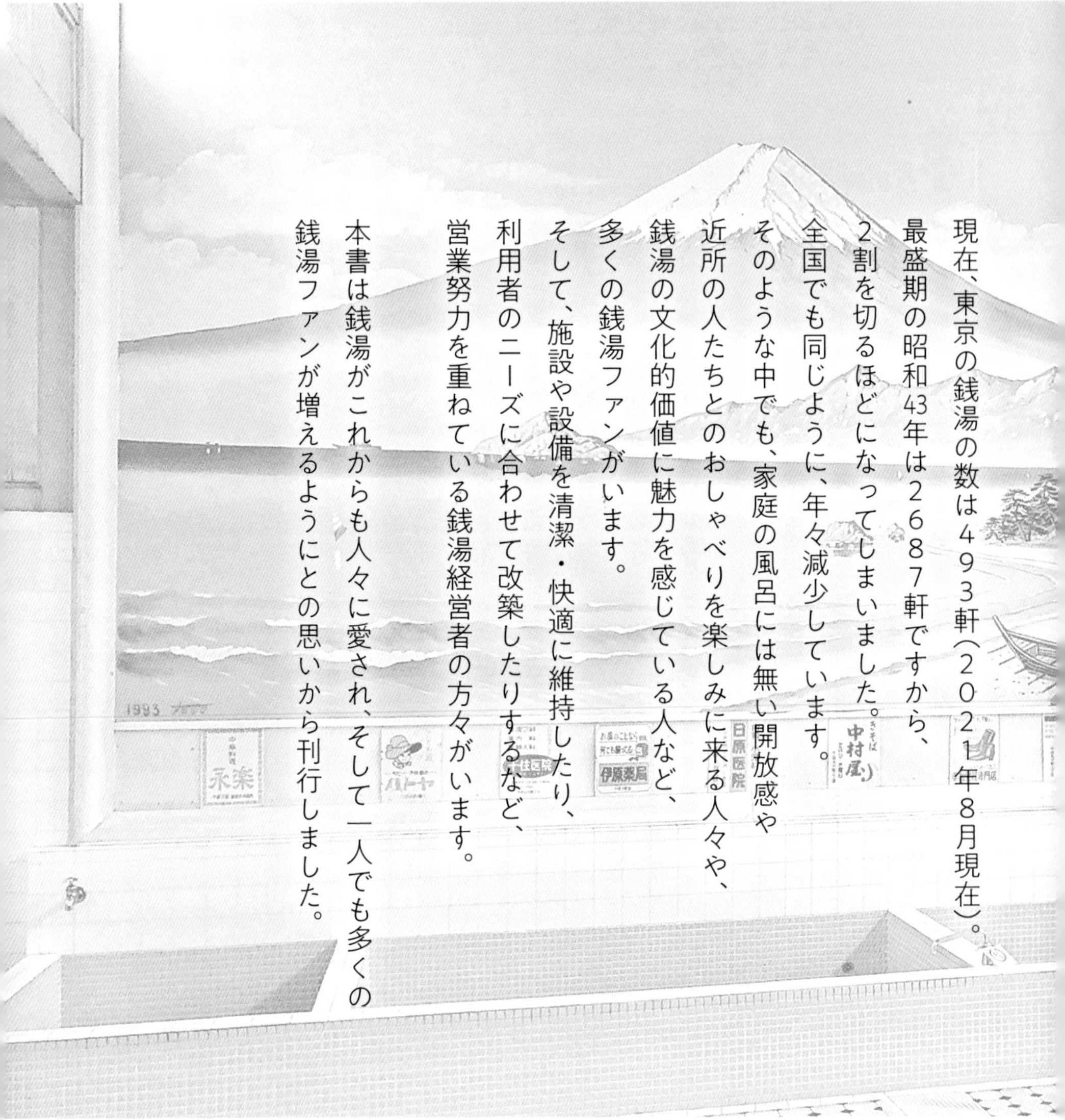

現在、東京の銭湯の数は４９３軒（２０２１年８月現在）。
最盛期の昭和43年は２６８７軒ですから、
２割を切るほどになってしまいました。
全国でも同じように、年々減少しています。
そのような中でも、家庭の風呂には無い開放感や
近所の人たちとのおしゃべりを楽しみに来る人々や、
銭湯の文化的価値に魅力を感じている人など、
多くの銭湯ファンがいます。
そして、施設や設備を清潔・快適に維持したり、
利用者のニーズに合わせて改築したりするなど、
営業努力を重ねている銭湯経営者の方々がいます。
本書は銭湯がこれからも人々に愛され、そして一人でも多くの
銭湯ファンが増えるようにとの思いから刊行しました。

【参考文献】江戸東京たてもの園・スタジオジブリ（企画・編集）『江戸東京たてもの園物語』（東京都江戸東京博物館）、全国公衆浴場業環境衛生同業組合連合会編『公衆浴場史』、町田忍著『銭湯の謎』（扶桑社）、町田忍著『銭湯「浮世の垢」も落とす庶民の社交場』（ミネルヴァ書房）、町田忍著『ザ・東京銭湯』（戎光祥出版）、町田忍著『銭湯遺産』（戎光祥出版）、町田忍著『銭湯へ行こう』（TOTO出版）、社団法人日本銭湯文化協会編、町田忍・米山勇（監修）『銭湯検定公式テキスト』（草隆社）

目次

本書の情報は 2021 年 7 月のもので、平常時のものを記載しています。ゴールデンウィークや夏季・年末年始の特別期間、および新型コロナウイルス感染防止対策の影響により、営業日時・休業日など、掲載内容と異なる場合がございます。お出かけの際には HP などで必ず事前にご確認ください。

町田忍流

銭湯の楽しみ方

銭湯研究の第一人者・町田忍が、銭湯めぐりのきっかけやその魅力をお伝えします。

PROFILE ●(まちだ・しのぶ)
1950 年東京目黒生まれ。警察官を経て、明治から戦後における庶民文化史を研究。現在、(社)日本銭湯文化協会理事、庶民文化研究所所長。銭湯に関する主な著書に『銭湯「浮世の垢」も落とす庶民の社交場』(ミネルヴァ書房)、(社)日本銭湯文化協会著/米山勇(江戸東京博物館助教授)共監修『銭湯検定公式テキスト1』(草隆社)。

日常風景だった銭湯を再発見

　今、平成生まれの若い世代が、銭湯に新鮮さを感じていると聞きます。私が銭湯に関心を持ち始めたのも30代になってからですが、今の若い人たちと違って銭湯は子どもの頃から日常風景の一つとして存在していました。今で言うコンビニのような感覚だったのかもしれません。なにせ当時は都内に銭湯が１８００軒くらいあったのですから（現在は約５００軒）。

　私が20歳になるまで我が家には風呂が無かったので、銭湯通いは日課でした。昭和30、40年代当時の銭湯は芋洗い状態で、脱衣籠は常に足りず、一つのカラン（蛇口）を二人で使用するような状態。刺青を入れた人が多かったことや、悪ふざけしていると怖いおじさんに叱られたこと、おむつを替えてくれる専門の女性従業員がいたことも、懐かしい思い出です。閉店近くに行くとお湯が濁って半分近くにまで減っていたんですよ。

明神湯（東京都大田区）は町田氏の家から比較的近い距離にあり、自転車で何度も訪れている。縁側の向こう、庭の緑が目にまぶしい

　そんなありふれた日常の光景を再発見するきっかけとなったのが、１９８２年、オーストラリアの友人が我が家に来たことです。日本の庶民文化を体験してもらおうと思い、当時我が家の数軒先にあった永《えい》生湯《せいゆ》という銭湯に連れて行きました。入口の前で立ち止まった彼に「なぜお寺みたいな形をしているの？」と聞かれ、私は答えることができなかったのです。それからしばらくして、偶然他の場所で銭湯が取り壊される現場を見て、「これらはきっと記録されることなく姿を消してしまうのではないか」という危惧を抱きました。それから銭湯めぐりがスタートし、かれこれ40年くらい銭湯に関わっています。全国各地、おそら

カラン上部のモザイク画に富士山が描かれることは珍しいという

く3800カ所以上は訪ねたと思います。

なぜ銭湯に惹かれるか 自分なりの答え探しを

今はインターネットで簡単に検索できるので、まずは近所の銭湯に行ってみてはいかがでしょうか。何軒か回って行くうちに、鉄道ファンに「乗り鉄」「撮り鉄」といったジャンルがあるように、銭湯も「入浴そのものが好き」「建築学的な面白さに惹かれる」「サウナ大好き」など自分なりの興味の対象が出てくるかもしれません。

　銭湯めぐりの際、通常の入浴マナーはもちろんですが、地元の常連さんへの配慮もお忘れなく。下足箱の使いやすい場所は常連客が利用することが多いので四隅を使いましょう。洗い場ではなるべく脱衣場に近い場所を利用し、湯船に入る時は先客に軽く挨拶を。いろいろ話しかけてきてくれて意外な思い出話などが聞けます。

　銭湯の数は年々減っていますが、減ることはあっても無くなることはないと思っています。古代から800有余年、その時代に合った形で営業を続けているのですから。ただ体を洗うだけなら家のシャワーでもいいでしょう？　でも、なぜ人は銭湯に惹かれるのでしょうか。スーパー銭湯や旅館の温泉との違いは何でしょうか。そうやって突き詰めて考えていけば、銭湯は日本人の美意識や宗教観などが凝縮された空間であることや、地域の人々の交流の場であることなどが見えてきます。体の汚れを落とすだけでなく「浮世の垢を落とす」、すなわち精神面での癒しの空間が銭湯であると私は思っています。

脱衣場の天井は、格天井の中でもさらに手間暇がかかり格式が高いとされる「折上格天井《おりあげごうてんじょう》」

明神湯二代目の大島昇さん（左）と。ほぼ同世代の二人。約40年来、お互いを知る仲だ

第1章

銭湯の歴史

日本人はいつ、どのような形で入浴を行うようになったのだろうか。そして、銭湯の営業はどのように始まったのだろうか。まずはその歴史をたずねてみよう。

奈良時代、光明皇后が法華寺の浴室で貧しい人や病人・囚人に施浴を行ったとされる伝説を描いた絵。『洗湯手引草』は江戸時代の銭湯経営者の手引書であった。向晦亭等琳 著『洗湯手引草』嘉永4年（1851）（国立国会図書館所蔵）

神前で心身を清める「禊《みそぎ》」や寺院の浴室が入浴習慣・湯のルーツに

入浴習慣の始まりは、神に祈りを捧げる時に心身を清める「禊」に遡る。仏教伝来後は寺院に浴室が設けられるようになり、僧侶が身を清めた。やがて法《ほう》会《え》に集まった民衆の心身を清めたり、治療したりするために浴室を開放する「施浴《せよく》」が行われるように。

寺院ではなく町中で料金をとって入浴させる商売として銭湯が登場するのは、平安時代末期の記録まで遡ることができる。『今昔物語』には「東山へ湯《ゆ》浴《あ》みにとて人を誘ひ」とあり、室町時代の朝鮮通信使の記録にも町中に銭湯があると記されている。

現在でも毎年6月に施浴体験が行われている（画像提供：法華寺）

奈良時代の浴室を再現

右頁の図版で紹介した光明皇后の施浴伝説の舞台は、奈良市の法華寺。こちらには江戸時代初期に再建された浴室（「からふろ」と呼ばれる）が現存しており、国の重要有形民俗文化財に指定されている。薬草を用いた蒸し風呂で、昭和初期まで使われていた。

八瀬《やせ》の釜風呂を体験！

海の近くでは天然の岩窟を利用したり自然の岩山を掘ったりする「石《いわ》風呂」が発達し、内陸・山間部では「釜風呂」が存在した。京都市左京区には飛鳥時代に歴史を遡る「八瀬の釜風呂」が保存されている。

八瀬に保存されている釜風呂（撮影：町田忍）

「八瀬かまぶろ温泉ふるさと」には現代風に再現された八瀬の釜風呂があり、専用の浴衣を着て体験することができる（撮影：町田忍）

室町時代の屏風絵に町湯

室町時代末期の『洛中洛外図屏風』は京都の市街と郊外の景観や風俗を描いた屏風絵。その一部に、庶民が蒸し風呂を利用する様子が描かれている。背中を流し合い、楽しげだ。

洛中洛外図屏風より（部分模写）

02 銭湯の歴史　江戸時代　その1

江戸時代の銭湯の様子を再現したジオラマ（山本高樹氏と町田忍氏合作。町田忍氏所蔵）（撮影：町田忍）

江戸の町の発展と共に銭湯の数も急増。その理由は「火の用心」!?

文献に見られる江戸最初の銭湯は、天正19年（1591）、日本橋近くの銭瓶《ぜにがめ》橋のほとりで伊勢与《いせよ》市《いち》という人物が創業した銭湯だ。随筆集『慶長見聞《けいちょうけんもん》集《しゅう》』によると、できたばかりの頃は「皆、めづらしき物かなとて入り給ひぬ」とあるが、銭湯は20数年の間に急増し、「今、町ごとに風呂あり」と書かれている。

江戸の町で銭湯が増えたのは、風が強く乾燥する土地柄で、火事になりやすかったという理由が挙げられる。豪商でも家に浴室を持たなかった。また、湯を沸かすのにお金がかかるのも要因だったようだ。

江戸最初の銭湯

伊勢与市が創業した銭湯があった銭瓶橋。『慶長見聞集』には「風呂銭は永楽一銭なり」とある。「熱い蒸気で息が詰まり、煙が充満して目が開けられない」とも書かれており、蒸し風呂であったと考えられる。

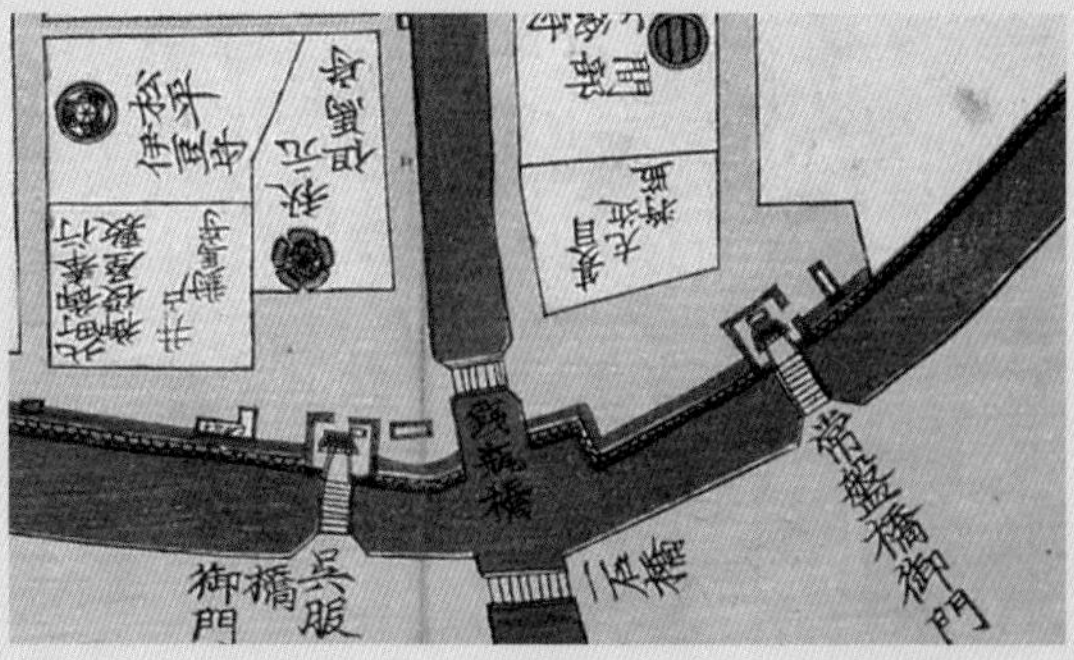

江戸時代の切絵図「御江戸大名小路絵図」（部分・国立国会図書館所蔵）に記された「銭瓶橋」。現在の東京駅から日本銀行の間にある「常盤橋公園」の近くに架かっていた

「スパリゾートハワイアンズ」（福島県いわき市）に再現されている江戸時代の戸棚風呂（画像提供：スパリゾートハワイアンズ）

蒸し風呂から湯を張った風呂へ

江戸の町では当初は「戸棚風呂」と呼ばれる蒸し風呂形式の銭湯が多かった。深さ30㎝ほどの浅い風呂で、蒸気浴を楽しむ。蒸気を逃さないように周囲を板で囲い、入浴する時は引き戸を開けて入った。やがて時代が下るにつれて湯船につかる「湯屋」を好む客が多くなった。

江戸初期に繁盛した湯女《ゆな》風呂

江戸時代初期、入浴を目的とする銭湯とは別に「湯女風呂」も隆盛した。「湯女」と呼ばれる女性が客の垢をこすり、髪を洗い、湯上りに茶や酒を接待し、枕を共にすることも。明暦3年（1657）、幕府は風紀上の理由から江戸の町において湯女風呂を禁止した。

江戸時代前期の湯女風呂の様子。大坂では幕末まで営業していた。井原西鶴『絵入好色一代男』より（国立国会図書館所蔵）

03 銭湯の歴史　江戸時代　その2

豊原国周『肌《はだ》競《くらべ》花《はな》の勝《しょう》婦《ぶ》湯《ゆ》』（国立国会図書館所蔵）。現代のように脱衣場と洗い場の境目が戸で区切られていない。右奥に柘榴口が見える

脱衣場から洗い場、そして湯船へ。江戸の銭湯の造りを見てみよう。

銭湯の入口では履物を脱ぎ、板の間に上がって番台で入浴料を払い、脱衣場へ。ここまでは現代とそう変わらないが、脱衣場と洗い場のはっきりした境が無いのが江戸の銭湯の特徴だ。「戸棚風呂」（P13）は多くの人が一度に入れないという欠点があったため、引き戸の代わりに「柘《ざく》榴口《ろぐち》」と呼ばれる高さ1ｍほどの低い小さな出入口が考案され、内部に湯船が置かれた。上方は混浴だったが、江戸の銭湯の多くは男女別。但し、入口が分かれている場合でも湯船はつながっているなど形式は様々であったようだ。

柘榴口は屈《かが》んで入る

蒸気を逃がさないように周囲を囲っているため中は薄暗く、出入りする時は声をかけたり咳払いをしたりするなどの気配りが必要だったという。「柘榴口」の語源は鏡を磨く時に柘榴酢を使用したことから、「鏡鋳《かがみい》る」=「屈み入る」の洒落。

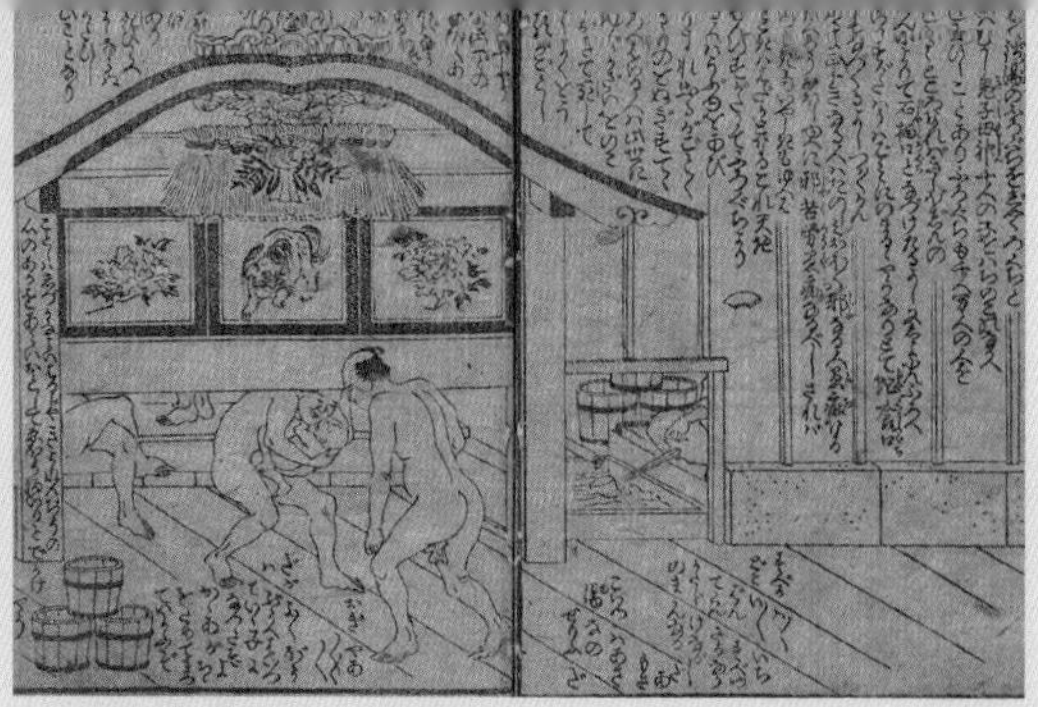

山東京伝『賢《けん》愚《ぐ》湊《いりこみ》銭湯《せんとう》新《しん》話《わ》』より（国立国会図書館所蔵）。子どもを抱えて柘榴口から出てくる男が描かれている

「ここが銭湯」の目印

銭湯の目印は屋根の上の弓矢。「弓射る」=「湯入る」をかけた洒落だ。入口には「男湯」「女湯」と書かれたのれん。個々の銭湯名がつけられるのは明治になってからで、江戸の町では「檜物《ひもの》町の湯」「堀江町の湯」など町名で呼ばれていた。

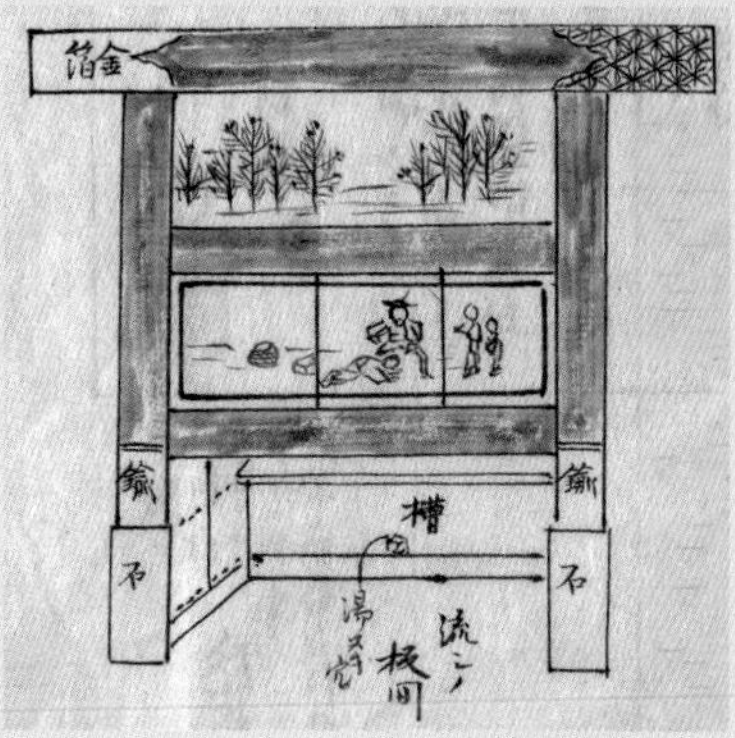

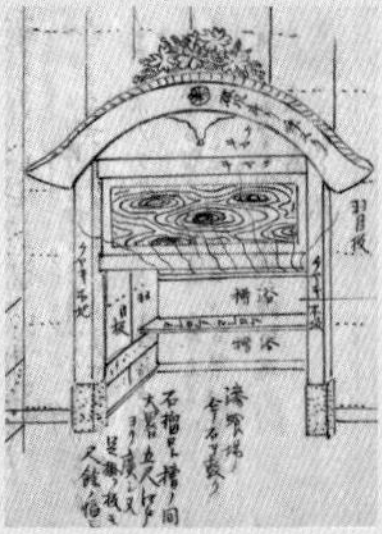

江戸の柘榴口（上）と上方の柘榴口（下）。『守貞謾稿』より（国立国会図書館所蔵）

江戸の町では一目で商売がわかる商品模型の看板や、洒落をきかせたなぞなぞのような看板など、趣向を凝らした看板が町にあふれた。『守貞謾稿』より（国立国会図書館所蔵）

豪華な造りの柘榴口

柘榴口の様式は銭湯によって様々で、神社仏閣などに使われる唐破風《からはふ》(P38)や鳥居の形などをして、金箔、彫刻、漆塗りなどを施した趣向を凝らした造りになっていた。当時、庶民の建物にこれらの豪華な様式を施すことは禁じられていたため、外から見えない内部で銭湯ごとに個性を競ったのだろう。

正月の銭湯の様子。番台の上に手拭いや糠袋がぶら下がっている。三宝の上には正月のご祝儀が積まれている。客はいつもよりちょっと多めの入浴料を紙に包み、おひねりにして持参した。豊国『睦月わか湯乃図』（国立国会図書館所蔵）

きめ細やかなサービスが行われ、人々の憩いの場となった銭湯

体の汚れを落とす時は、米糠《ぬか》を木綿の小袋に入れた「糠袋」を使った。持参して来なかった人は番台でお金を払って借りることもできたという。使用後、糠は流し場の隅に置いてある糠桶に捨て、糠袋は番台へ返した。男湯に備え付けの「毛切り石」は、こぶし大の石をこすり合わせて陰毛を切るのに使った。褌《ふんどし》の脇から陰毛がはみ出るのを嫌ったためである。

江戸の町の銭湯の二階には座敷があり、男性のみの休憩場として利用されていた。将棋や囲碁が置かれ、茶や菓子のサービスもあったという。

現代にも残る番台

湯屋に入るとまず番台で入浴料を払う。番台とはその名のとおり番をする台で、当時は「高座」と呼ばれていた。料金の徴収や道具の貸し出しのほか、客にトラブルや事故がないように見守る役目があった。

式亭三馬『浮世風呂』より（国文学研究資料館所蔵）

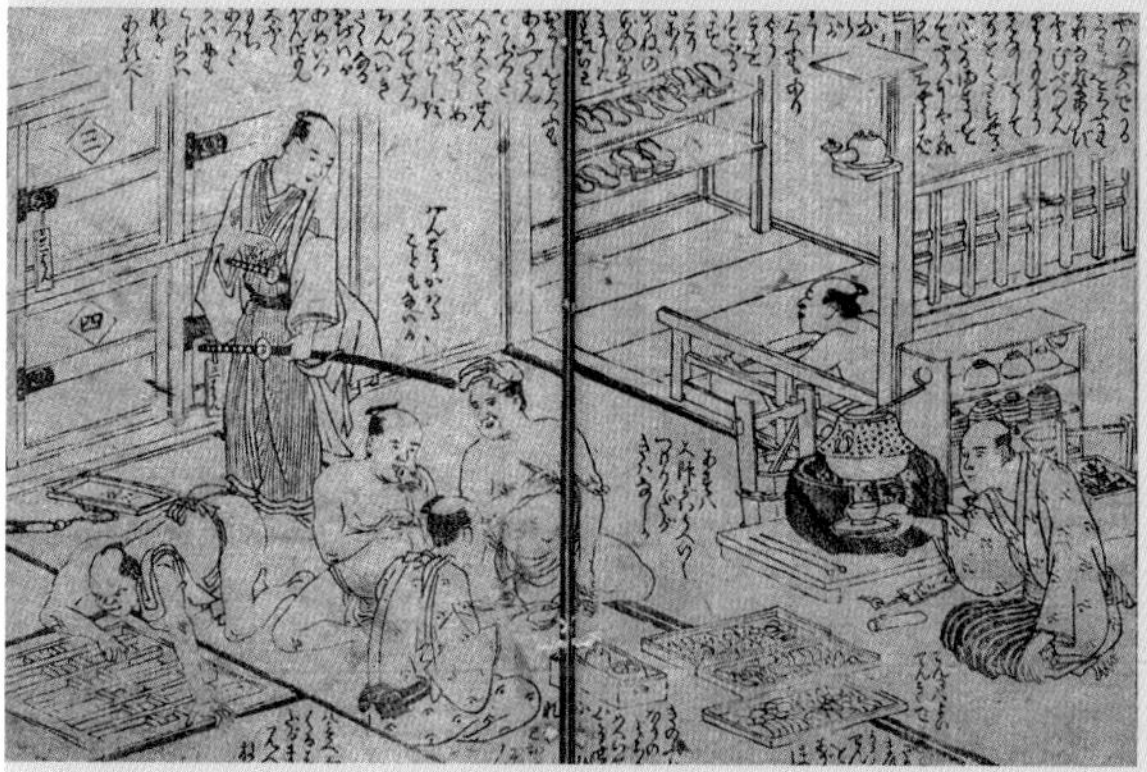

山東京伝『賢《けん》愚《ぐ》湊《いりこみ》銭《せん》湯《とう》新《しん》話《わ》』より（国立国会図書館所蔵）

庶民の社交場、銭湯の２階

山東京伝の『賢《けん》愚《ぐ》湊《いりこみ》銭《せん》湯《とう》新《しん》話《わ》』には銭湯の２階でくつろぐ男性客たちが描かれている。右端には茶や菓子を提供する人。帯刀している武士の姿も見える。左下では、床にはめ込まれた格子から階下の女湯を覗いている男が。

いつの時代も変わらぬ人々の姿

式亭三馬の滑稽本『浮世風呂』は江戸後期、文化文政（1804 ～ 1830）の頃の出版。銭湯に出入りする庶民の生活風俗を描き、人々の会話を通じて様々な情景を物語っている。こちらの図は銭湯の２階で将棋を指している道楽息子を迎えに来る母親が描かれている。

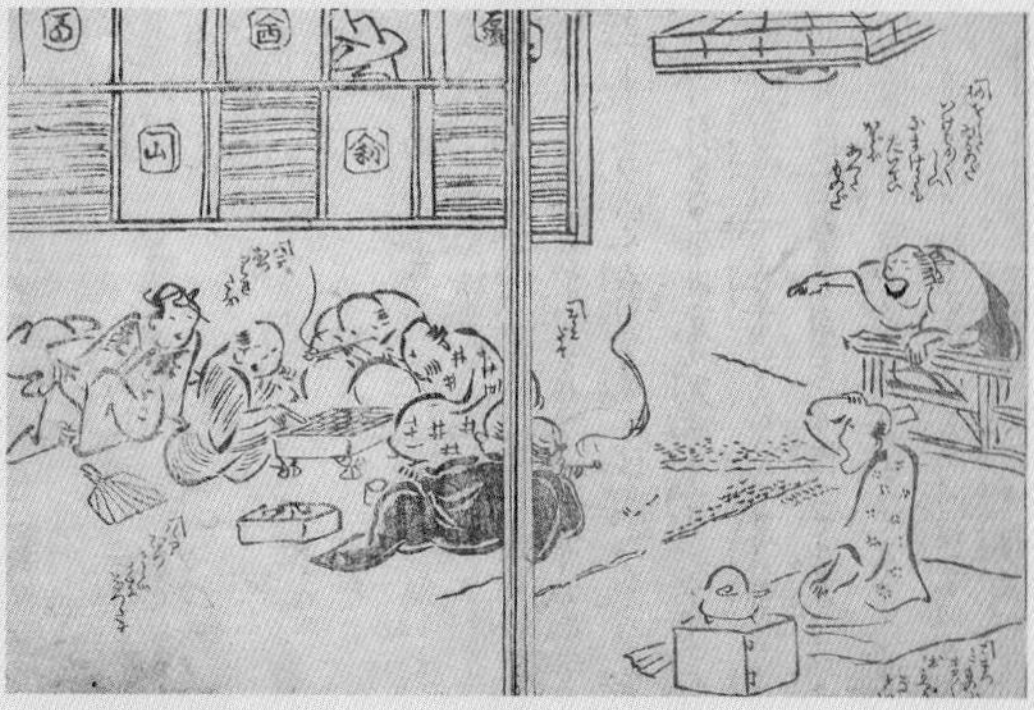

式亭三馬『浮世風呂』より（国文学研究資料館所蔵）

05

銭湯の歴史　明治・大正・昭和　その1

改良風呂と思われる明治時代の銭湯。平出鏗二郎『東京風俗志』（国立国会図書館所蔵）

明るく衛生的な改良風呂が登場。混浴も禁止となる

明治10年頃、神田にこれまでとは異なる構造の銭湯が開店した。柘榴口は無く、浴室には湯気抜きの天井窓。洗い場も広く、明るく衛生的な銭湯で、「改良風呂」と呼ばれた。これが現在の銭湯の基本構造へとつながっていく。

明治2年、外国人などからの批判を受け、政府は東京府における混浴禁止令を出した。だが長年の習慣もあって混浴はなかなか無くならず、政府はたびたびお触れを出している。最終的に東京から混浴が消えたのは明治12年に「湯屋取締規則」が制定されてからと考えられる。

第1章

明治時代の銭湯が現存

半《は》田《んだ》東《あづま》湯《ゆ》は明治時代末期に建てられた木造切妻造の銭湯で、愛知県半田市亀崎町で営業していた。「博物館 明治村」(愛知県犬山市)にはこの東湯が復原されている。脱衣場、浴室共に木で造られており、板間仕切りで男女別になっているが、浴槽はひとつで、浴槽上を間仕切りし、下の方でつながっている。混浴から別浴への過渡期の形態と思われる。

明治時代の貴重な建造物を移築・復原している「博物館 明治村」。その一角にたたずむ半田東湯(提供：博物館 明治村)

博物館 明治村

江戸時代の優れた木造技術に、欧米の様式・技術・材料を取り入れ、近代建築の礎が築かれた明治時代。博物館明治村では、約100万㎡の敷地に60を超える歴史的・芸術的に価値ある建造物(重要文化財11件、愛知県指定文化財1件を含む)を保存・公開している。

DATA

愛知県犬山市字内山1
TEL 0568-67-0314
料 大人2,000円 ほか
営 季節により異なるためHP参照
休 夏期・冬期に休村日あり
https://www.meijimura.com

銭湯の2階も禁止へ

明治になってもしばらくは銭湯の2階(P17)が使用されていた。『風俗画報』には明治14、15年頃の2階の様子が描かれており、男性客を相手にしたりじゃれあったりしている女性の姿が。明治14年、風紀上の理由から2階の使用は禁止とされた。

明治38年(1905)3月号『風俗画報』(『ゆまに書房学術電子図書館1風俗画報(CD-ROM版)』より)

06 銭湯の歴史　明治・大正・昭和　その2

東京都大田区の明神湯。昭和 32 年（1957）当時の建物が現在も残る

戦前・戦後の激動の時代を経て人々の暮らしに寄り添う銭湯

大正12年（１９２３）の関東大震災以前は木造の簡素な平入りの造りが一般的だったが、復興の際に、神社や寺院のような造りをしている「宮造り銭湯」（P36）が東京を中心に広がった。郊外では農地の中にポツリと新しい銭湯ができると、周囲に住宅が建ち、まるで門前町のように町が形成されていった。

戦時中は空襲や燃料不足などで銭湯の廃業が相次ぎ、１９４５年の終戦時には都内の銭湯は４００軒ほどに減るが、戦後復興を遂げると急激に増え、１９５８年には２３５２軒になる。

衛生的なタイル張り

明治末期から大正時代にかけて、板張りの洗い場や木造の浴槽に代わって、衛生面で優れているタイル張りの銭湯が増えた。さらに関東大震災後は、火災の教訓もあってタイルの普及を後押しした。

廿世《にじっせい》紀《き》浴場（東京都台東区·廃業）のカラン（江戸東京たてもの園に保存されている）（撮影：町田忍）

千代田区神田神保町の「梅の湯」の旧浴室（撮影：町田忍）

昭和初期にカランが登場

上がり湯が入った湯槽から直接桶で湯を汲み出してしまう人がいて、衛生面が問題視されていたことから、昭和初期に押すと湯が出る「カラン」が登場する。

戦後復興と共に賑わう銭湯

東京都足立区の北千住にあるタカラ湯の、1950年当時の様子。1日の仕事を終え、汗を流す人々。戦後復興を遂げた日本社会の活気が伝わってくるようだ。子どもの姿も多い。写真左奥で立っているのは、タカラ湯の経営者一家。

画像提供：タカラ湯

07

銭湯の歴史　明治・大正・昭和　その3

文久3年（1863）創業の「金春湯」（東京都中央区）は銀座八丁目の繁華街の中に佇む。ビル化したのは1957年のことで、全国的にも先がけ的存在

内風呂が普及し、銭湯が減少。
ビル型銭湯へのリニューアルが増える。

昭和40年代、日本社会が高度経済成長期に入ると住宅事情も変化し、各家庭に内風呂が普及してくる。１９６５年度の厚生省の調べによると、内風呂のある家庭は、全国平均で67・８％に。都内の銭湯の数は１９６８年の２６８７軒をピークに減少し、２０２１年現在は４９３軒。

　銭湯の造りも変化していく。社寺風建築に象徴される木造の銭湯は少しずつ姿を消し、代わりにビル型銭湯としてリニューアルされることが多くなった。上階にマンションなどを併設する形で土地が有効活用されている。

家庭に内風呂が普及

UR都市機構が運営する「集合住宅歴史館」には、1958年頃の木製浴槽が展示されている。まだ風呂無しの家が多かった当時、公団住宅では内風呂が標準採用されていた。公団が発足した1955年頃から10年程は木製浴槽で、その後ホーロー浴槽から樹脂製浴槽などへ変化していった。

集合住宅歴史館（東京都八王子市）に展示されている木製浴槽（画像提供：ＵＲ都市機構 集合住宅歴史館）

テルメ末広（東京都北区）のフロント
（画像提供：テルメ末広）

番台からフロントへ

ビル型銭湯へとリニューアルする際、女性客への配慮から多くの銭湯が番台をやめてフロント形式に改築。2021年現在、東京都の銭湯の約8割がフロント形式だ。

燃料の変遷に時代を見る

江戸時代から長らく、湯を沸かす燃料は木材が使われていたが、昭和30年代後半に重油を使用する銭湯が現れ、近年はガスを使用する銭湯も増えている。

福島県郡山市の「昭和湯」（廃業）に積まれた薪の山（撮影：町田忍）

08 銭湯の歴史　現代　その1

町田忍氏のイラストによるテルメ末広（東京都北区）。かつては「末広湯」という店名だったが、現在は京都の町家風のモダンな造りに生まれ変わった

ジェットバスや露天風呂など様々な浴槽が誕生。外観も個性的に。

ビル化する際、背景画をペンキ絵から大きなモザイク画に変えたり、ジェットバスや露天風呂を設置したりするなど、銭湯の設備は時代を追うごとに進化してきた。 また、屋根や入口の一部に瓦や木材を使って和モダンな趣を演出したり、宮造り銭湯の面影を残したりと、個性的な建物に生まれ変わる例も見られるようになる。

銭湯は水回りに特別なノウハウが必要とされるため、これまでは専門業者が設計・建築を行うことが多かったが、現代では様々な設計・建築会社が参入している。

テルメ末広（東京都北区）の浴槽（画像提供：テルメ末広）

水流や気泡でマッサージ

手足をゆったり伸ばして８～10人が入れる風呂。こちらのように、水流で体をほぐすボディマッサージャーや、細かな気泡を起こすことで血行促進・マッサージ効果をもたらすバイブラを備えている銭湯も近年増加中。

生薬の成分で健康に

薬湯を常設している銭湯も。「テルメ末広」（東京都北区）は、お湯に溶かす錠剤ではなく、自然の生薬を砕き成分を煮出した薬湯にこだわる。体がよく温まり、「夜中に何度もトイレに起きなくなった」という利用者の声も。

新陳代謝を活性化し、体調を整えてくれる薬湯（画像提供：テルメ末広）

開放感のある露天風呂

改築に伴い、露天風呂を新設する銭湯も。周りに高い建物が多い都会の場合、葦簀《よしず》を立てかけたり、壁を高くしたりするなど目隠しに様々な工夫をしている。

都内最大級の露天風呂がある「寿湯」（東京都台東区東上野）（撮影：町田忍）

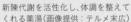

09 銭湯の歴史 現代 その2

明るくモダンな内装の「武蔵小山温泉 清水湯」（東京都品川区）（撮影：町田忍）

バリアフリー、プール、漫画本ズラリ。多様なニーズに応える銭湯へ

利用客の減少により銭湯の数は年々減っているが、逆に客が増えている銭湯もある。経営者が二代目や三代目に移り、改築する際、他の銭湯にはないような個性を打ち出すところも。

時代の変化に合わせた対応も求められている。バリアフリー化を進めて転倒しやすい浴室に手摺りをつけたり、車椅子用のリフトやトイレを備えたりしているところもある。

新しい設備を備えた銭湯と、昔ながらの建築様式の銭湯、どちらの魅力も楽しめるのが銭湯めぐりの醍醐味だ。

近年人気急上昇のサウナ

近年サウナが話題となっている。同時にサウナのある銭湯も多くなっている。サウナと言っても、ミストサウナ、フィンランド式、遠赤外線など様々なタイプが登場している。

「テルメ末広」（東京都北区）のサウナは、配管に熱した蒸気を通すタイプ。温度は80度。井戸水を利用した水風呂もポイント

（画像提供：アクア東中野）

サウナ利用者から人気のプール

2010年にリニューアルした「アクア東中野」（東京都中野区）には、男湯・女湯共にミニプールがある。全裸でのびのびと泳ぐ体験は、なかなかできないだろう。

湯上りに漫画三昧

「立川湯屋敷 梅の湯」（東京都立川市）の休憩室には、本棚にズラリと漫画が並んでいる。その数1万2千冊以上。ジュース、生ビールやサワー、ソフトクリーム、かき氷、軽食なども販売している。

（撮影：町田忍）

お団子２本が入浴料金

江戸時代、銭湯の入浴料金は寛永元年（1624）～明和９年（1772）は６文。安永、天明年間（1772 ～ 1789）は８文。寛政６年（1794）に10文になった。天保の改革（1841 ～ 1843）で６文に下がるが、その後すぐに８文に戻る。

１文は現在の通貨でどれくらいの価値があるのか。当時と現在とでは社会や経済の状況が違うので一概には言えないが、米価から計算した金１両の価値は、江戸初期で約10万円前後、中～後期で４～６万円、幕末で約4,000円～１万円ほど（貨幣博物館HPより）。真ん中をとって５万円だとすると、１両＝銭4,000文なので１文12.5円。８文で100円だ。

ちなみに江戸時代後期、銭湯が８文だった頃、蕎麦は１杯16文、串団子は４文、髪結いは28文、旅籠（中級）は200文、歌舞伎（桟敷席）は3,500文、といった相場であった。

物価統制令で定められている入浴料

昭和21年（1946）以降、銭湯の入浴料金は、物価統制令に基づき、都道府県ごとに定められている。東京都では知事から諮問を受け、学識経験者、利用者代表、業界代表、関係行政機関から構成される「東京都公衆浴場対策協議会」が料金を検討し、その意見をもとに決定されている（町田氏も1999 ～ 2009年まで、委員を務めていた）。利用者の負担を軽減するため、原価計算された料金よりも低く答申されているという。2021年現在、東京都は大人（12歳以上）480円、中人（6歳以上12歳未満）180円、小人（6歳未満）80円。

東京都浴場組合のホームページには、戦後の都内入浴料金の推移が掲載されている。これによると、昭和23年は大人６円。大卒程度の国家公務員の初任給は昭和24年で約4,200円という時代だ。昭和50年は入浴料金100円で、初任給約８万円。現在は入浴料金480円で、初任給約19万円。

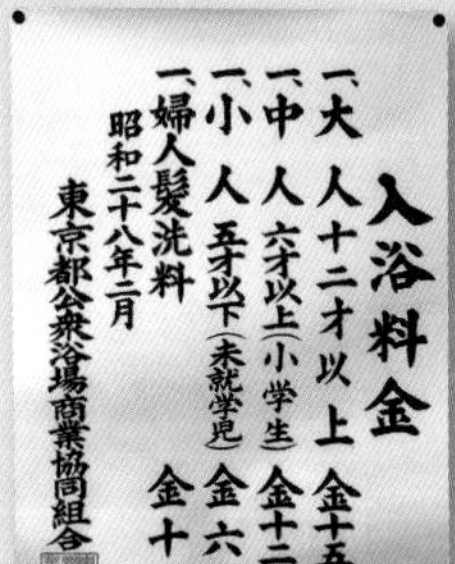

江戸東京たてもの園の「子宝湯」に掲示されている昭和28年の入浴料金表

第2章

銭湯の一日

東京都国立市・鳩の湯

いつ行っても清潔で、気持ちよく汗を流せるお風呂屋さん。店主やスタッフによる、日々の働きの賜物だ。普段は見ることができない、銭湯の裏側を紹介する。

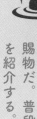

銭湯の一日——東京都国立市・鳩の湯

01

飲料を積んだトラックが到着。休憩所に設置している自動販売機に補充される

02

夜の閉店時に忘れ物点検と換気を兼ねて下足箱は開けてあるため、開店前には戸を閉める

03

ロッカーの上のホコリをハンディモップではらう。開店準備は夫婦二人で手際よく行う

04

脱衣所の床をモップがけ。フローリング専用のシートで念入りに拭くことも

05

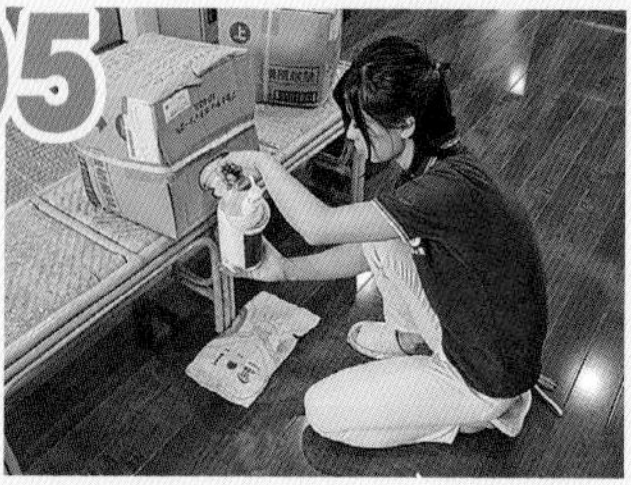

シャンプーやボディソープを補充。東京都浴場組合はこれらの備え付けを推進している

06

地下にあるろ過装置に塩素を投入。浴槽の大きさや営業時間の長さで投入量が変わる

東京都国立市の「鳩の湯」は、高張光成・かおりさん夫婦が店を切り盛りする。新潟から上京して銭湯で働き、独立開業した祖父の代から三代目。「国立市内の銭湯はうちだけになりました。『鳩の湯さんは続けてね』という地域のお年寄りの声に支えられています」と高張さん。

現在の建物は2020年にリニューアルした。脱衣所も浴室もピカピカなのは、ただ新しいからだけではない。高張さんとスタッフが「お客様に気持ちよく過ごしていただけるように」と毎日隅々まで磨き上げているからだ。

リニューアル後、湯を沸かすのは自動化された。設定時間どおりに湯が供給される

美肌効果が期待される「シルキーバス」の細かな気泡でやがて湯が真っ白になる

準備は万端。いよいよ開店を迎える鳩の湯。写真は女湯側で、タイル絵は桜に富士。高濃度炭酸泉、シルキーバス、ジェットバスなどが楽しめる。浴室奥のガラス戸を開けると、外気浴スペースに出られる

ドアが開くのを待つ常連客。外装の一部に瓦や木を使うなど、昔ながらの銭湯の風情も残す

いらっしゃいませ

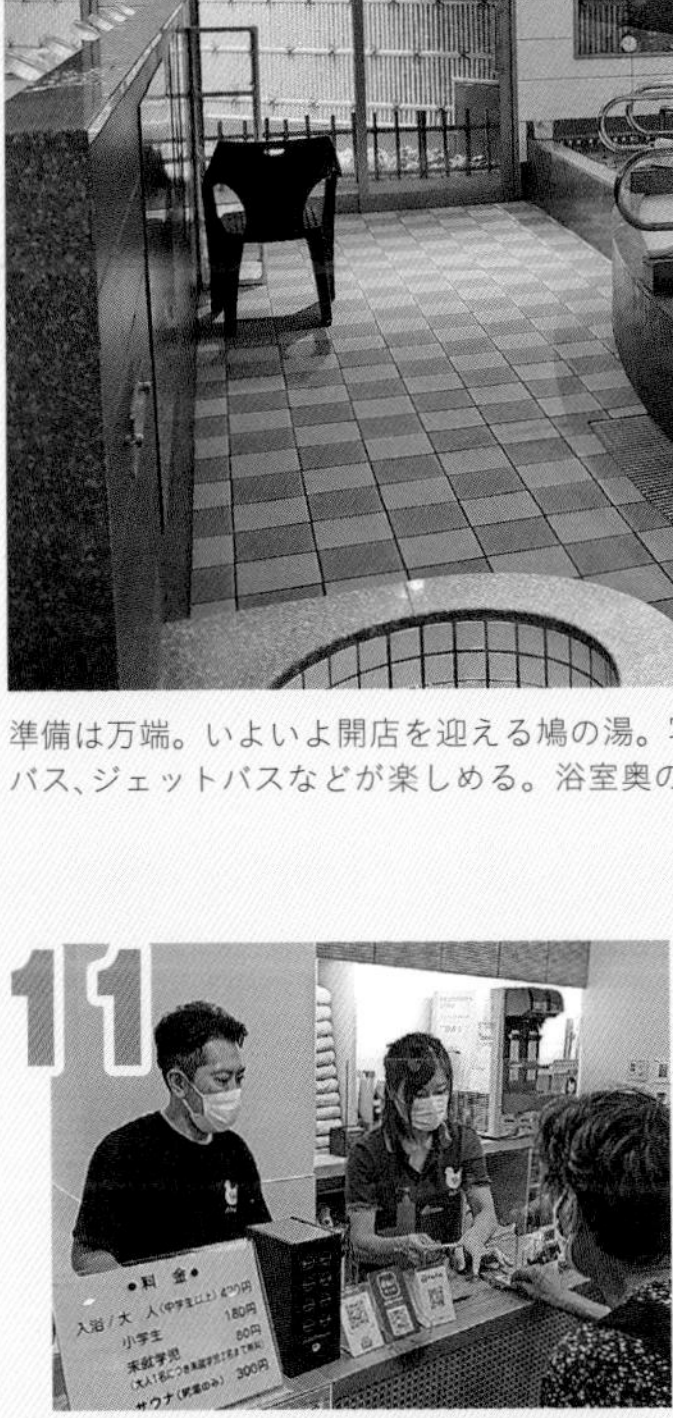

フロントで下足箱の木札を預かり、券売機で購入された入浴券を受け取る

夜はアルバイトスタッフも働く。閉店作業はまずロッカーの忘れ物点検と拭き掃除から

ロビーに掃除機をかける。「業務用掃除機なのでパワーがあります」とスタッフ

椅子やカランを一つずつ磨いていく。「銭湯の仕事は営業時間中よりも、準備や掃除が大変です。拘束時間が長く、休日も少ない。お客様に快適にご利用いただくことが第一です」と髙張さん

04

水垢がつかないよう、ピカピカに磨き上げられるカラン

05

髙張さんが浴室を洗っている間に、スタッフが脱衣所に掃除機をかける

床がぬめっていると転倒の危険があるため、特に念入りに掃除する。防カビ洗剤を浴室の床にまき、ポリッシャーで洗浄。タイルの目地の汚れもしっかりとる。週に一度は高圧洗浄機も使用

07

ポリッシャーで洗浄後、洗剤を流す。掃除にはなるべく残り湯を使って省エネに取り組む

洗面台や鏡も隅々まで磨く。掃除を開始してから1時間以上が経った

09

浴槽の洗剤は、意外にも市販の家庭用洗剤。銭湯経営者同士で効果的な掃除方法などを情報交換するそう

お疲れ様でした

早くも深夜1時。併設するコインランドリーで洗ったマット類を乾燥機から取り出す

| 鳩の湯 | DATA 東京都国立市東2-8-19 TEL042-572-0918 営 13:00～23:00 休 月曜

銭湯経営者は北陸出身者が多かった!? その理由を考察する

東京や関西の銭湯経営者は、かつては新潟、富山、石川県の出身者が多かった（現在は二代目や三代目、すなわち東京や関西で生まれ育ったという人が多くなった）。それには様々な要因が考えられる。

まず、北陸の風土。雪が多く、冬は農作業が少なくなる。加えて昔は兄弟が多かったため、農家の次男や三男は出稼ぎに行かざるを得ない。そうして都会へ出てきて、銭湯で働くようになった北陸出身者の中から、独立して経営者となる人が現れた。北陸三県は浄土真宗の影響が強く、一生懸命に働けば極楽浄土に行くことができるという教えが根底にあったため、真面目にこつこつと働いたのだろう。大八車を引いて燃料となる廃材を集めたり下足番を務めたり、早朝から深夜まで働いて、やがて自分で一軒の銭湯を経営するようになる。同郷の銭湯経営者同士の結びつきも強く、資金を融通しあったり縁結びの相談にのったりもしたという。

このように、既に上京して銭湯で成功している親類や同郷者を頼って故郷から出稼ぎに来るため、銭湯の仕事に就く北陸出身者の割合が自ずと増える。経営者としても見ず知らずの他人よりは安心して雇うことができるため、双方に都合が良かったと言えよう。

富山市内を走るライトレールと立山連峰を描いたペンキ絵。中島盛夫氏（P62）と町田忍氏の共作。東京都墨田区の第二香藤湯（廃業）。2015 年の北陸新幹線開業を控え、2010 年度から富山市物産振興会が取り組む「ホットして富山市 PR 事業」の一環として描かれたもの（撮影：町田忍）

旧目黒雅叙園の創業者・細川力蔵も石川県羽咋《はくい》郡下甘田《しもあまだ》村の農家に生まれて上京し、銭湯に住み込んで働いた。その後、コークス（※）製造業や不動産業を手がけて財を成し、昭和３年（1928）に芝浦で開業。その３年後に目黒へ地を移した。旧本館は東京型銭湯と同じく宮造りで、かつては「百人風呂」や「千人風呂」もあった。まるで極楽浄土のような非日常の空間は、細川が銭湯で働いたころに培われた「人々に喜んでもらいたい」という願いから作られたものなのではないだろうか。

※石炭を蒸し焼きにして抽出した炭素の塊

旧目黒雅叙園の百人風呂
（画像提供：ホテル雅叙園東京）

第3章

銭湯の見どころ

建物の造り、内部の構造、桶やカランといった細かなアイテムなど、銭湯をパーツごとに解剖！　奥深い世界を覗いてみよう。銭湯めぐりが楽しくなること間違いない。

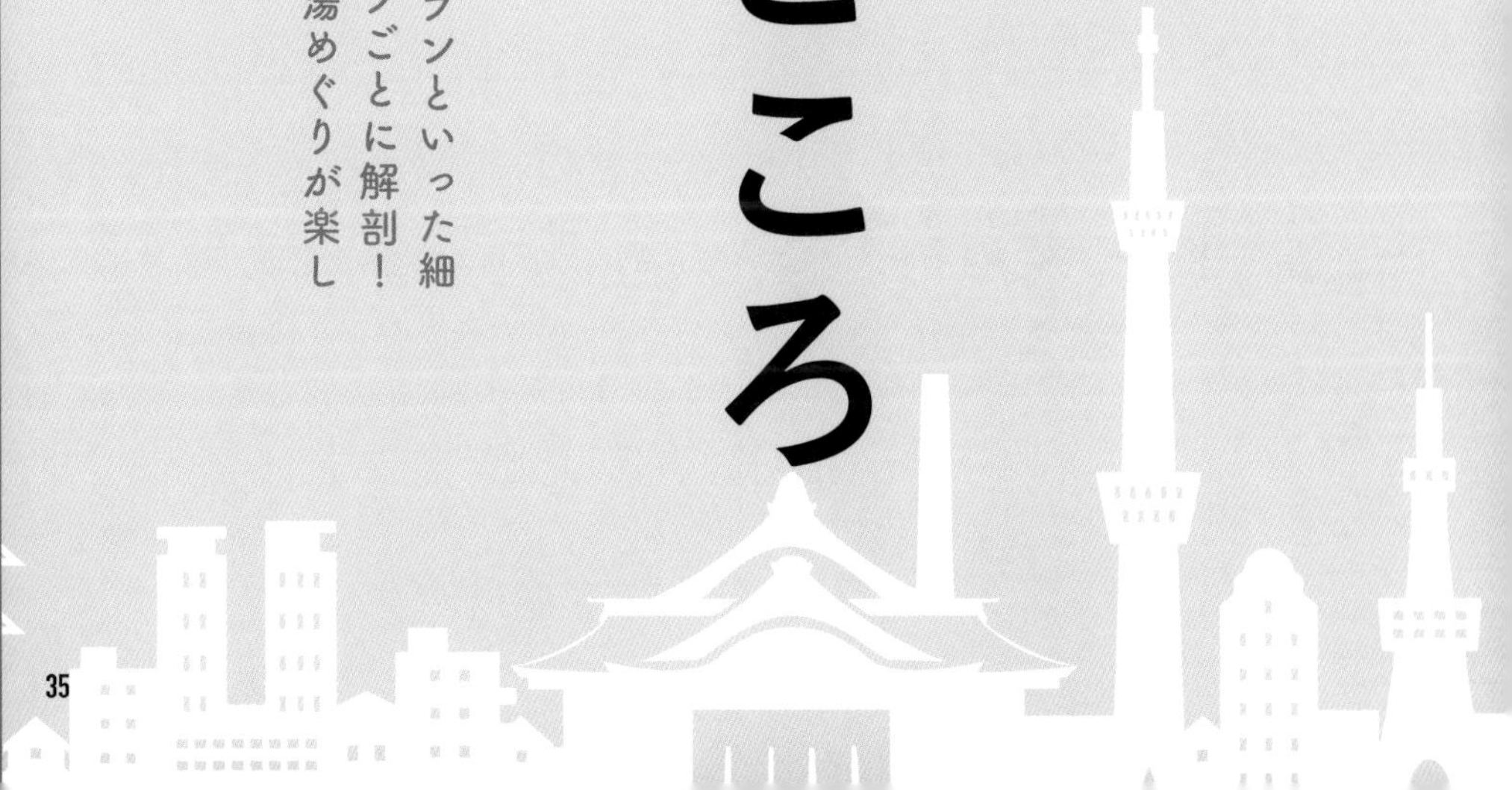

01 宮造り銭湯のナゾ

町田忍氏のイラストによる明神湯（東京都大田区）。宮造り銭湯は「唐破風」や「千鳥破風」の屋根（P39）、「格天井」（P48）の脱衣場、「下《げ》屋《や》」と呼ばれる湯気抜きの屋根があることなどが特徴

東京に多い、神社や寺院のような外観の「宮造り」銭湯。その理由は――？

東京にはなぜお寺や神社のような造りをしている銭湯が多いのであろうか。銭湯専門の大工・飯高作造さん（故人）の話によると、次のようないきさつがあった。飯高さんの師匠の津村亨右《きょうすけ》さんは宮大工の技術を習得した職人で、関東大震災の復興期に人々に元気になってもらおうと宮造りの銭湯を建て、「歌舞伎湯」という屋号をつけたという。それまでの銭湯は三角屋根の切妻《きりづま》造りなどの質素な外観だったため、歌舞伎座のような豪華な宮造りは評判に。他の銭湯もこれに倣《なら》い、続々と建てられた。

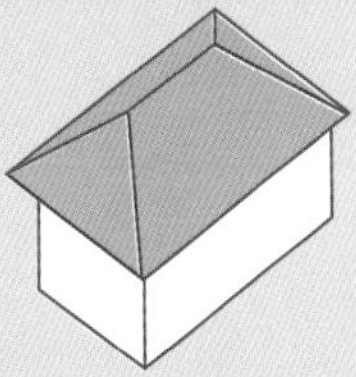

寄棟造り

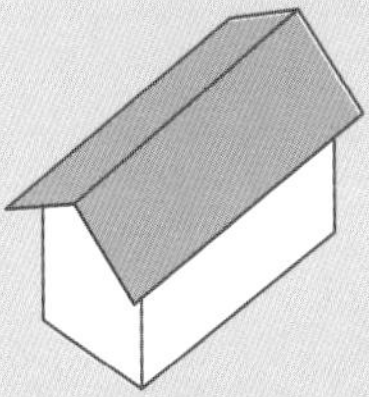

切妻造り

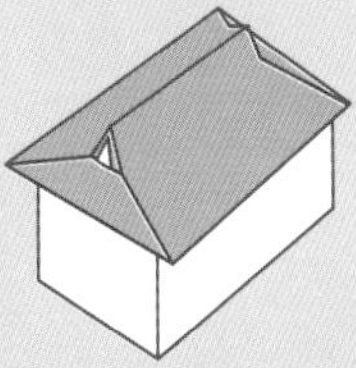

入母屋造り

屋根の構造を知ろう

宮造り建築の特徴である入《いり》母《も》屋《や》造りの屋根は、寄棟《よせむね》造りの屋根と切妻造りの屋根を重ねた構造。

神社仏閣と比べてみよう

巻頭インタビューで町田氏が話している通り、外国人が「銭湯は神社に似ている」と思うのも無理はない。右の写真は神田明神（東京都千代田区）の社殿。正面屋根に千鳥破風、唐破風が施されている。

（画像提供：明神湯）

昭和 40 年代まで新築されていた

左の写真は昭和 32 年、明神湯（東京都大田区）。柱・棟・梁などの骨組みが完成した段階で行われる「上棟式《じょうとうしき》」での記念撮影。昭和 40 年代までは都内各地で宮造り銭湯が新築されていた。

宮造り銭湯の全体を眺める

東京に多い宮造り銭湯の周りは住宅がびっしり。側面や背面に回ってその構造を見ることはなかなか困難だ。写真は町田忍氏がジオラマ作家の山本高樹氏に依頼して２人で製作した明神湯のジオラマ（1/25）で、全体像がよくわかる。博物館などでの展示に貸し出されることもあるという。

昭和 32 年頃の明神湯をイメージして作られたジオラマ（所蔵：町田忍）

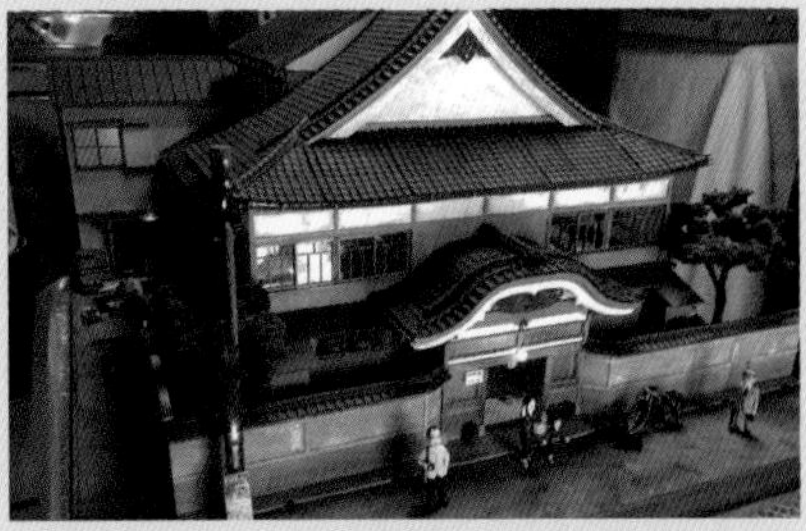

明神湯（東京都大田区）。唐破風の下の彫刻、懸魚《げぎょ》にはいちばん多く見られる題材「鶴と松」が施されている

02 宮造り銭湯の装飾

宮造り銭湯の正面を飾る豪華絢爛な彫刻にも注目

宮造り銭湯の特徴の一つが、屋根に施された豪華な造形や彫刻だ。上の写真の場合、手前（下部）が「唐破風《からはふ》」、奥（上部）が「千鳥破風《ちどりはふ》」となっている。「破風」とは屋根の妻（屋根の三角になった部分）の造形を指し、寺社建築や城郭建築で多用されてきた。

唐破風は上部が丸い山形、裾の左右が反った形状で、入口のひさしの役割もしている。誕生した鎌倉時代、中国の「唐」が新しさや豪華さの代名詞だったために名付けられたのだろう。千鳥破風は末広がりの三角形をしている。

宮造り銭湯の装飾を見てみよう

江戸東京たてもの園に平成５年に移築された「子宝湯」(旧所在地は東京都足立区。昭和４年築)も唐破風+千鳥破風の構造。それらの破風に「懸魚《げぎょ》」や「飾り瓦」などの装飾が加わり、宮造り銭湯の外観は一層の豪華さを見せる。

狐格子《きつねごうし》

屋根の妻には、縦横に組まれた格子の内側に板が張られた「狐格子」が見られる。別名「妻格子」「木連格子《きつれごうし》」。

懸魚《げぎょ》

「懸魚」とは破風の正面についている飾り彫刻のこと。水に住む魚の形をした飾りを懸けて火除けのまじないとしたのが始まりといわれている。子宝湯の大屋根下の懸魚は「蕪懸魚鰭付《かぶらげぎょひれつき》」。野菜のカブの形に似ており、左右に「鰭」と呼ばれる草花の彫刻が付いている。

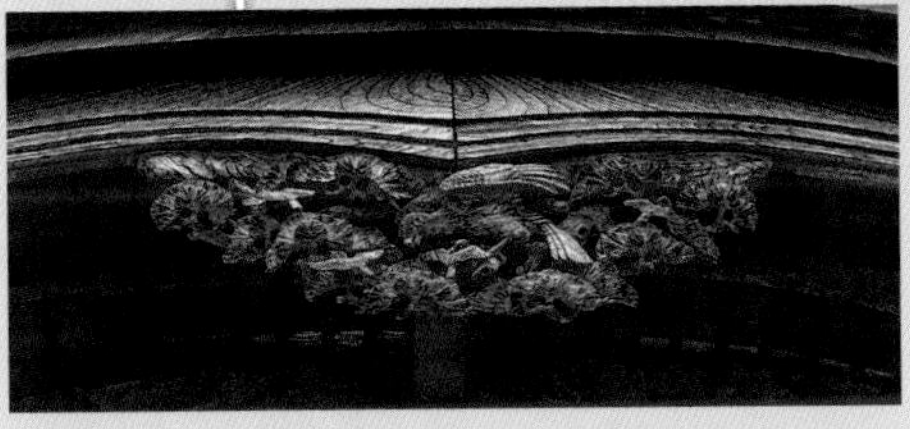

兎毛通《うのけどお》し

「兎毛通し」は懸魚の一種で、唐破風の下部に付けられたものを指す。鶴、松、亀、龍、波、鯉、天女、鳳凰、鷹など縁起の良い題材が選ばれる。子宝湯の兎毛通しは松にとまる鷹と、その周りに小鳥が飛んでいる姿が彫られている。

飾り瓦

子宝湯の入口両脇には、大黒様と恵比寿様の飾り瓦。懸魚の意匠といい、この七福神といい、縁起の良いもので埋め尽くされている銭湯は、まさに極楽空間だ。

「武蔵小山温泉 清水湯」（東京都品川区）。随所に木材や竹垣、瓦などを使い、和モダンな趣で心安らぐ空間（撮影：町田忍）

03 ビル型銭湯

時代の変化に合わせて改築される銭湯

　関東大震災後、宮造り銭湯が隆盛を極めた東京にも、次なる時代の変化が訪れる。昭和40年代より、改築時に建物をビル化する銭湯が増えてきたのだ。広い敷地を活かし、ビルの上階をマンションなどに改築。家賃収入を得ることにより、内風呂が普及して利用者の減った銭湯経営をサポートしている。

　ビル化に伴い、番台をやめてフロント形式の受付にしたり、ペンキ絵をやめてモザイク画にしたり、さらには露天風呂を増築するなど、内部の構造も大幅にリニューアルしている銭湯も。

大正ロマンを感じる銭湯

大正ロマンをテーマに2017年にリニューアルされた「はすぬま温泉」（東京都大田区）。外壁の半円アーチ形窓がレトロな風合いを醸《かも》している。

（画像提供：はすぬま温泉）

ビル4階は展望露天風呂

1階がエントランス、3階に内風呂やフロントと休憩室、4階に展望露天風呂を設えている「湯の森深大湯」（東京都調布市）。晴れた日には露天風呂から富士山を一望できる。

（撮影：町田忍）

（画像提供：立川湯屋敷 梅の湯）

白壁がまばゆい老舗銭湯

立川駅より徒歩7分、昭和16年創業の「立川湯屋敷 梅の湯」（東京都立川市）。白壁に「梅の花」と「ゆ」の文字が描かれている。現在の2階建てビルは2006年に建て替えられた。

04
銭湯建築の活用

スカイザバスハウス　撮影：上野則宏　協力：SCAI THE BATHHOUSE

建物に"第２の人生"を与え、再び人々が集う場所に

銭湯の廃業後、建物が取り壊されずに、ギャラリーや飲食店などに有効活用される例がある。特に宮造り銭湯は文化的・建築学的な面からも価値があると考えられているが、改装に多額の費用がかかることや、経営形態の全面的な変更といったハードルがあり、有効活用される例はごく少数。銭湯の数は東京都全体で平成18年には963軒あったが、令和3年には493件と半減している。これからも廃業せざるを得ない銭湯が出てくるだろうが、できれば新たなステージで、建物をよみがえらせてほしい。

スカイザバスハウス

200年の歴史を誇る銭湯「柏湯」を改装し、1993年に創設されたギャラリースペース「スカイザバスハウス」。一歩足を踏み入れると外観とは裏腹な異空間が広がり、そのギャップも面白い。下町情緒あふれる谷中の街で、最先端の現代アートの発信地として親しまれている。

DATA

東京都台東区谷中6-1-23 柏湯跡
TEL 03-3821-1144

上／アピチャッポン・ウィーラセタクン「Memoria」(2017年)展示風景
撮影：表恒匡　協力：SCAI THE BATHHOUSE
下／ボスコ・ソディ「Terra è stata stabilita」(2018年)展示風景
撮影：表恒匡　協力：SCAI THEBATHHOUSE

（画像提供：レボン快哉湯）

レボン快哉湯

2016年に閉店した台東区谷中の「快哉湯」が、2020年カフェとしてオープン。木札の下駄箱や、脱衣所の「男」「女」の扉文字など、銭湯時代を偲ばせるものが随所に残っている。店内で自家焙煎したコーヒーと自家製アイスクリームのマリアージュセットを提案している。

DATA

東京都台東区下谷2-17-11
営 平　日 12:00～19:00
　土日祝 11:00～19:00
休 不定期(詳細はSNS参照)

05 下足箱、傘入れ

松原湯（東京都世田谷区）の下足箱。カギのメーカーは「松竹錠」（撮影：町田忍）

のれんをくぐって、まずはコレ。
銭湯ごとの違いに気づくのも楽しい

下足箱にも様々な形がある。カギのメーカーも数社あり、デザインも様々。代表的なメーカーは松竹、チドリ、桜、鶴亀、カナリヤ、キングなど。よく見るのは、棚に固定された金具から木札を抜くとカギがかかるタイプだ。居酒屋の下足箱でも利用されているのを見たことがあるかもしれない。

傘入れは一般施設でも見るスタンダードなものが多いが、かつて銭湯でよく見かけたのが傘を寝かせて収納するタイプ。最近は見ることが少なくなったため、このタイプに出合えるのは貴重だ。

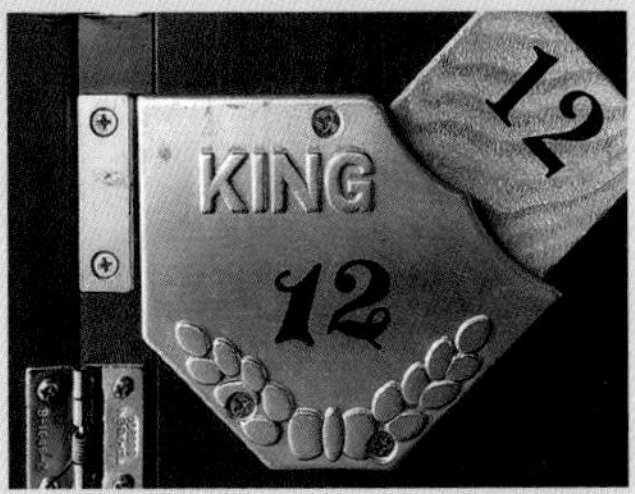

（撮影：町田忍）

紛失の心配無用

銭湯の木札は大きいため、紛失の防止にも。その点が評価され、ほろ酔い気分で利用する居酒屋などでも導入されたと考えられる。写真はキング製のカギで、木札を斜めに挿すタイプ。

（撮影：町田忍）

激レアな下足箱

「野町湯」（石川県金沢市・休業中。1999年撮影）の下足箱。番台と一体となった珍しい形で、しかも内部は傘を収納できる構造になっている。

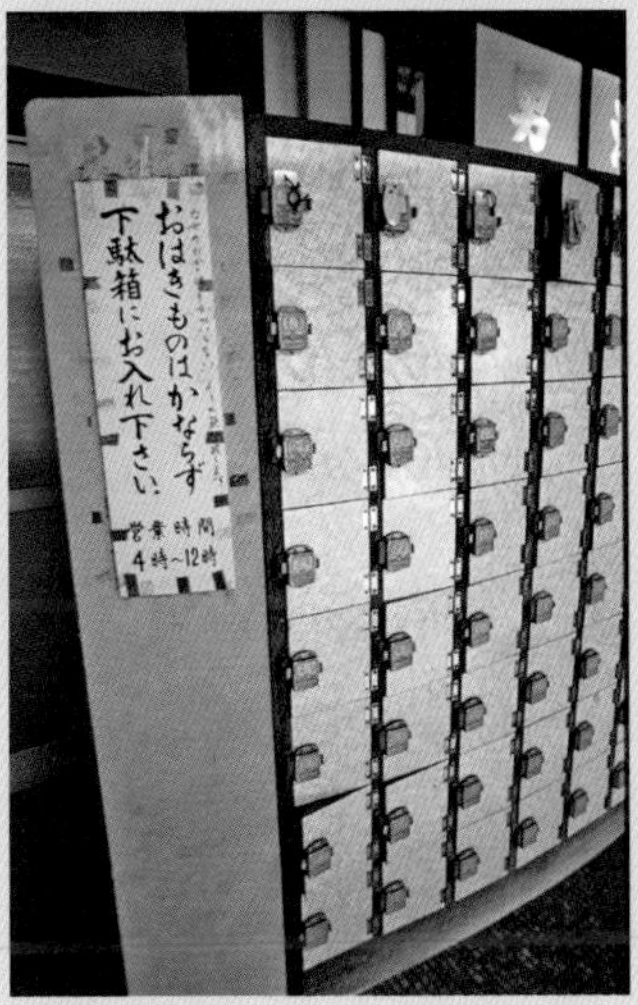

（撮影：町田忍）

カギも金属製

こちらはカギの部分も金属製の下足箱。目立たせるためキーホルダーが付いている。

（撮影：町田忍）

傘を寝かせて収納

今ではほとんど見ることのない、傘を横にして収納するタイプの傘入れ。

（撮影：町田忍）

金属製の円い傘立て

傘立てもいろいろある。左は関西に多い金属製のもの。主に入口を入った番台近くにある。

05

明神湯(東京都大田区)の番台。踏み台を使って上がる。開業後、日本人の平均身長が伸びたため、のちに番台の高さを10cmほど高くして隣の脱衣場が見えないようにしたという

江戸時代から人々を見守ってきた 銭湯の“司令塔”

番台の歴史は古く、すでに江戸時代の浮世絵にも描かれている。フロント形式が多くなった近年だが、番台がまだまだ現役で活躍中の銭湯も。番台の仕事は入浴料の受け取り、せっけんやシャンプー、ドリンク類などの販売のほか、板の間稼ぎ(入浴客の金品を盗み取ること)を監視し、浴室内での事故が無いように見守る役目もある。

東京の銭湯の番台の高さはおよそ1m30㎝。他県より30㎝ほど高い。これは東京の銭湯の脱衣場や浴室が他県よりも広いため、見渡す必要があることからと考えられている。

優美な匠の技

番台の袖に目隠しとして雲形の飾り彫刻が施されているのも東京の銭湯の特徴。地方の銭湯ではあまり見かけない。江戸っ子大工の遊び心なのだろう。

（画像提供：レボン快哉湯）

畳敷き

こちらは銭湯建築を活用した喫茶店「レボン快哉湯」（P43）に残る番台。座る部分が畳敷きになっている昔ながらの形。

（撮影：町田忍）

番台を真上から

こちらは番台を真上から見たところ。コンパクトにできている。宇田川湯（東京都世田谷区）

ビル型銭湯でも番台を残す

ビル型銭湯の金春湯（東京都中央区）。改築を機にフロント形式に変更する銭湯が多いが、銀座の一等地にあるこちらでは、手狭なため番台のままとしている。女性客に配慮し、女湯の脱衣場に面する番台には平成26年よりカーテンを取り付けている。

07 脱衣場

滝野川稲荷湯（東京都北区）の脱衣場。男女の脱衣場の仕切りには大きな鏡があり、さらに広い空間に見える

見上げないともったいない！
寺院や城郭のような豪華な天井

　宮造り銭湯の脱衣場は天井が高く、開放的な空間だ。特徴的な天井の造りとして「格天井《ごうてんじょう》」が挙げられる。木を格子状に組み、その間に四角い板を貼り込んだもので、寺院や城郭にも多用される格式の高い様式とされる。板の一枚一枚に花鳥風月の絵が描かれた豪華な格天井は、まさに極楽といった風情だ。

　脱衣場には天井の他にも、大きな鏡、ロッカーや脱衣籠、体重計など見どころがたくさん。脱衣場と休憩所を兼ね、ベンチやマッサージチェアが置いてあるところも。

さらに豪華な折《おり》上《あげ》格《ごう》天《てん》井《じょう》

格天井の中には、周囲の壁面が曲線カーブした「折上格天井」がある。高い技術が必要とされる贅沢な造りだ。

明神湯（東京都大田区）

明神湯（東京都大田区）

体重計

自宅に体重計が無かった時代、お客は銭湯で体重を量っていたという。近年ではデジタル体重計も見られるが、昔ながらの秤の目盛りタイプの体重計も残されている。

脱衣籠

脱衣場で脱いだ服はロッカーに入れて浴室へ。昔ながらの銭湯では、脱衣籠が残されているところもある。籐や竹を編んだもので、関東では丸型、関西では角型が多い。

（撮影：町田忍）

入浴料金の掲示

脱衣場には入浴料金を掲示。

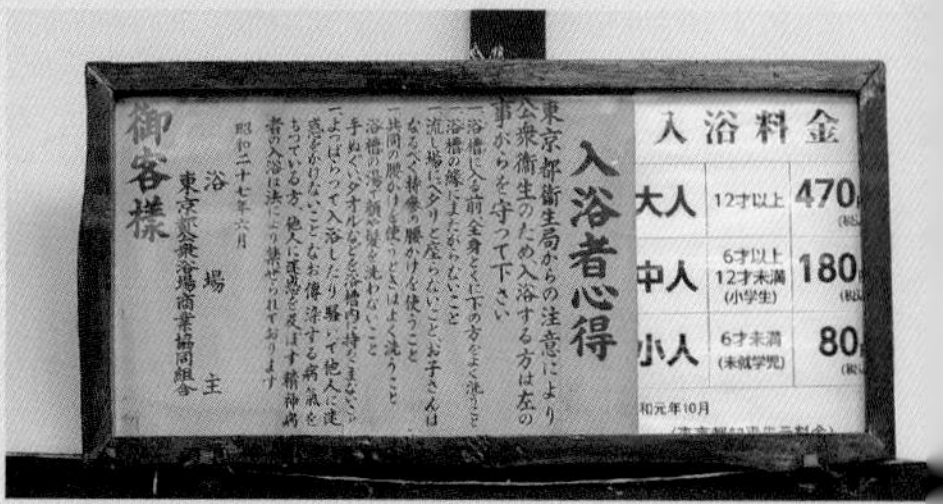

明神湯（東京都大田区）。現在は 480 円

明神湯（東京都大田区）の浴室。湯気抜きの窓から光が差し込む

高い天井の窓から差し込む光と、カコーンと響く桶の音

　宮造り銭湯の浴室の天井は高く、中央部は凸型でその側面に湯気抜き窓がついている。床から湯気抜きの天井までの高さは約10m。湯気抜き窓は外から屋根づたいに歩いて開閉するのだというから、大変な作業である。玄関や脱衣場の上の屋根は瓦葺きだが、浴室部分は瓦を載せると重くなってしまうためトタン屋根になっている。

　浴室の床はタイル張り。カランの手前に排水溝が掘られていて、浴室奥から手前に傾斜しているので体を洗い流した水はそこに流れて集まる仕組み。

浴室は凸型

浴室の断面図。天井は上部で凸型になり、湯抜きのための窓が開けられている。

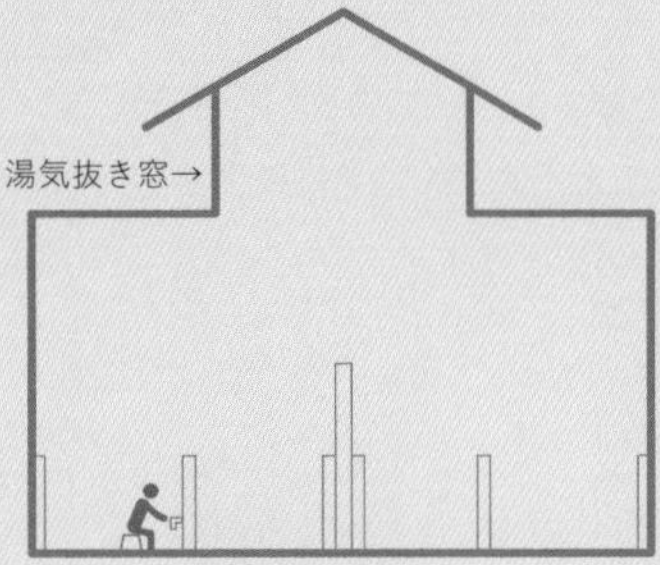

タイルも様々

明神湯（東京都大田区）では浴場の一部改装に伴い、古いタイルを剥がして新しいタイルに張り替えた箇所がある。写真はその境目。古いタイル（右）は四辺がわずかに丸みを帯びたやわらかな印象のもので、このタイプを製造する業者はもういないという。

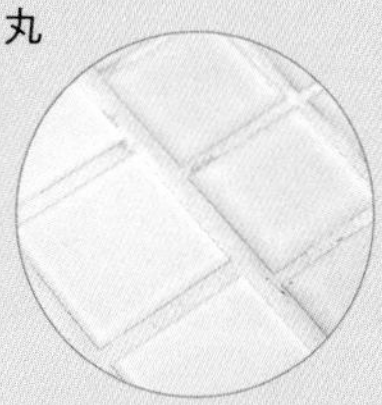

（画像提供：はすぬま温泉）

温泉地の叙情を湛える

「はすぬま温泉」（東京都大田区）は大正ロマンを感じる道後温泉のような内装。「温泉」と名付けられている通り、全ての湯が温泉で、都内では珍しい淡い茶色をしている。

（撮影：町田忍）

個性豊かな地方の浴室

こちらは東京型銭湯とは様相の異なる、奈良県奈良市の稲妻温泉（廃業）。浴室奥の浴槽の他に、入口近くに小判型の上がり湯用の槽がある。床や壁のタイルもお洒落。

09 カラン、桶

カランの形も銭湯によって様々。写真のカランはよく見られるタイプで、押す部分がプラスチックになっている。左が湯、中央が水、右を押すと上からシャワーが出る（撮影：町田忍）

湯や水を供給する、銭湯には欠かせない設備や道具

昭和初期に登場したカランはそれまでのように湯船から桶で湯を汲み出す必要がなく、便利かつ衛生的な設備として普及した。「カラン」とはオランダ語で「鶴」を意味し、長い管が鶴の頭の形に似ていることからそのように呼ばれている。

桶は昔は木製だったが、昭和38年に「ケロリン」のプラスチック製の桶が登場する。内外薬品が作る鎮痛剤の商品名「ケロリン」の文字が桶の底に書かれたもので、コマーシャル効果を狙って採用され、全国の銭湯に普及していった。

軽くて丈夫、ケロリンの桶

繰り返し使っても「ケロリン」の印刷文字が落ちることなく、軽くて衛生的、子どもが乱暴に扱っても壊れない丈夫さがあるとして、全国に普及した。当初は白色だったが、汚れが目立つという事で黄色に変わったという。

（撮影：町田忍）

今では珍しい木桶

ケロリンの桶が普及する前は、桶と言えば木製。江戸時代の浮世絵にも描かれており、銭湯に限らず日常生活で使われてきた昔ながらの生活道具だ。滝野川稲荷湯（東京都北区）では今では珍しくなった木桶が使用されている。大量の木桶を洗うための機械があるが、現在では製造されていないのだという。

こちらは押す部分が金属になっているタイプ。現在では珍しい（撮影：町田忍）

「蛇口」の語源を探る

オランダ語の語源は「鶴」なのに、日本ではなぜ「蛇口」と呼ぶのだろうか。諸説あるが、一説には次のように言われている。明治時代の水道の共用栓には、ヨーロッパでは水の神とされるライオンの吐水口が輸入されて使用されていた。その後、国産のものに替わる時に、中国や日本の水の神である龍になる。家庭に水道が普及するようになると、龍の口より小さい口として「蛇口」と呼ぶようになったという。

滝野川稲荷湯（東京都北区）の木桶

10

浴槽

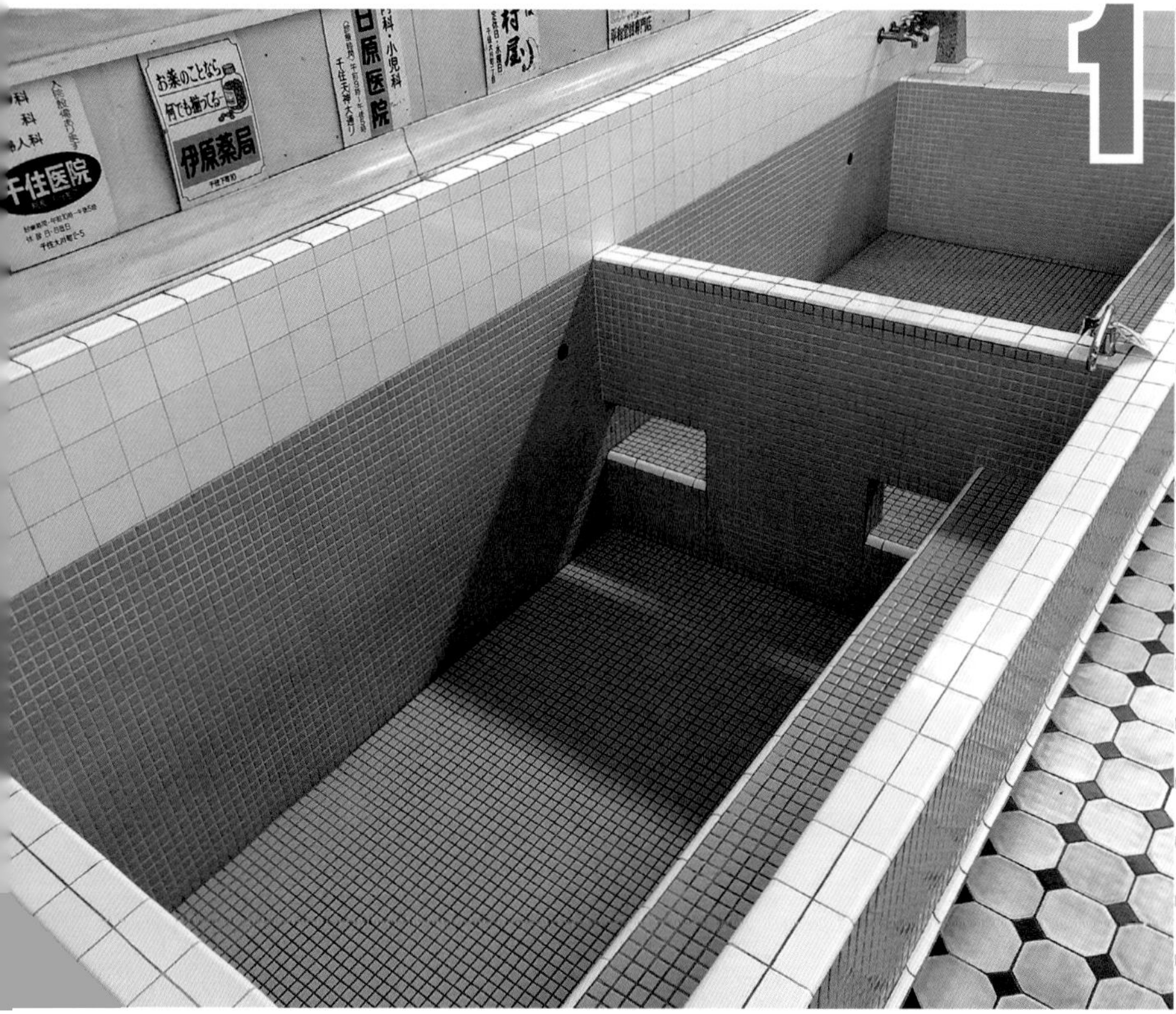

江戸東京たてもの園内に移築・復元された「子宝湯」では、湯の張っていない浴槽の状態を見ることができる。仕切りを境に深さが異なっており、浅い方は子どもでも安心して入ることができるように配慮されている

大きな湯船でのびのびと。極楽空間の真骨頂ここにあり

銭湯の大きな湯船は、自宅の風呂では味わえない醍醐味だ。地方では浴室のほぼ中央に位置していることが多いが、東京型銭湯の浴槽の多くは浴室に入って正面奥の壁際に設置されている。壁際にあるため、壁に描かれたペンキ絵の海や湖の風景と一体化して、インフィニティ風呂(※)につかっている気分になれるだろう。

浴槽の材質はタイルを使用しているところがほとんどだが、縁の部分に御影石を張って高級感を出したり、岩風呂や檜風呂にしたりするなど工夫している銭湯も。

※露天もしくは半露天の風呂で、浴槽の縁が見えず、海や自然の景色と一体となったような風呂のこと

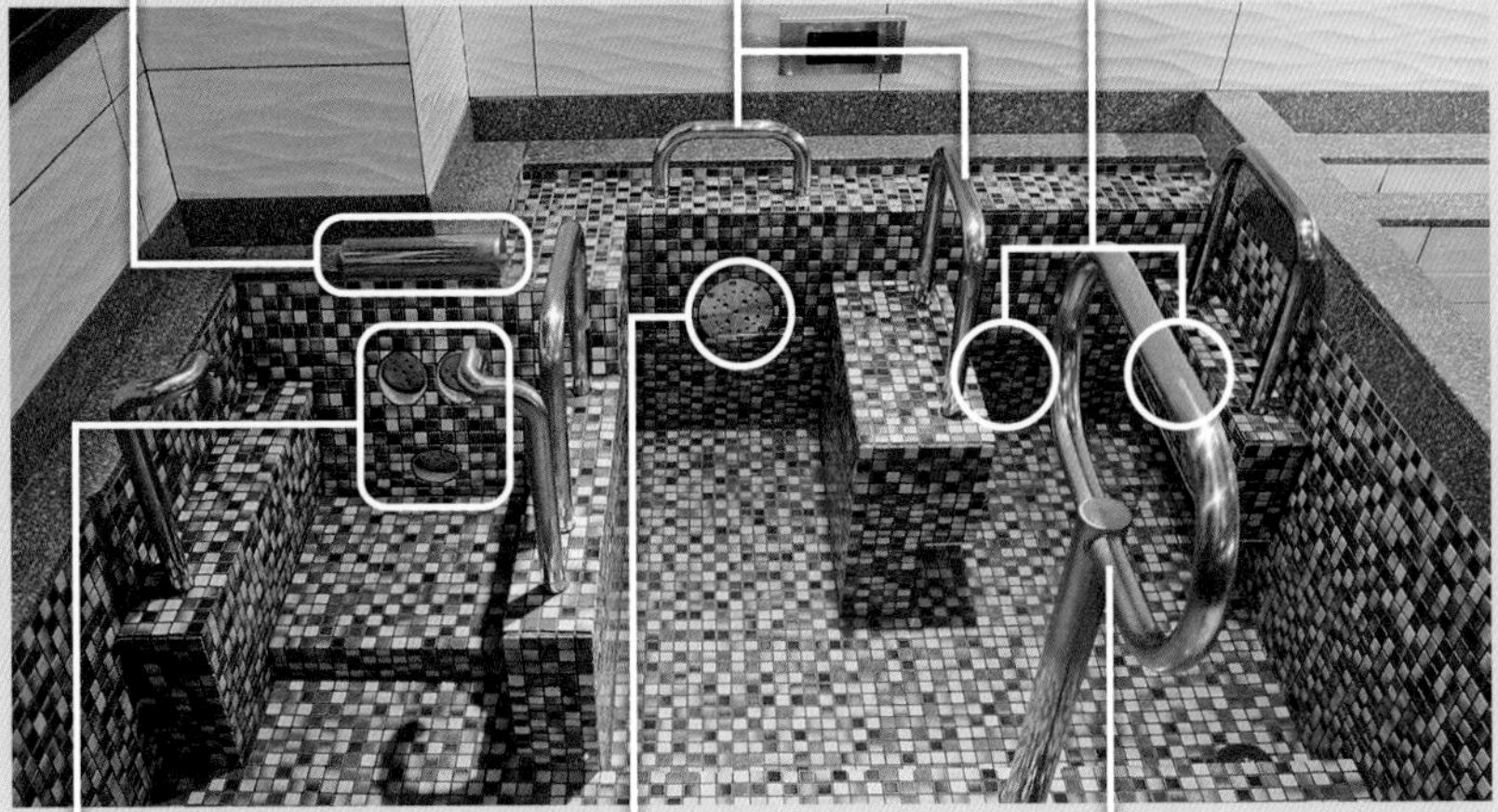
頭部は冷却水枕で
のぼせを防止
水流が強いと感じたら
手すりを掴もう
両脇からジェット
水流が出る浴槽
寝ながら背中や腰を
マッサージ
腰をマッサージ
転倒防止の手すり

マッサージが気持ちいい ジェットバス

ジェット噴流によってマッサージ効果が生まれ、身体の血行がよくなるといわれる「ジェットバス」。写真は鳩の湯(東京都国立市)のジェットバスで湯を張っていない浴槽内部の状態。

（撮影：町田忍）

外気が気持ちいい 露天風呂

建て替えを機に露天風呂を造る銭湯もある。写真は宮城湯(東京都品川区)。都会にありながら青空の下で開放的な気分になれる。湯は天然温泉。

（画像提供：宮城湯）

浴槽が中央に

東京の銭湯は浴槽が四角形で壁際に、地方は円形または楕円形で浴室の中央に設えられていることが多い。写真の銭湯(荒川区の雲翠泉)は東京では珍しく、浴槽が浴室の中央にあるタイプ。

11 湯の種類

冬至の日に柚子湯に入ると「風邪をひかずに冬を越せる」と言われている（撮影：町田忍）

軟水や温泉、そして季節の変わり風呂も銭湯通いの楽しみの一つ

銭湯では井戸水を使用しているところが多い。また、東京都内には地下を掘削すると天然温泉が湧出するところがあり、その湯を使用している銭湯もある。美肌効果をうたう軟水や、疲労回復が期待される炭酸泉が発生する装置を備える銭湯もある。

年間を通じ、端午の節句の「菖蒲湯」、冬至の「柚子湯」など日本の伝統的風習に基づく取り組みを行う日を設ける銭湯も。これらの季節湯（「変わり風呂」とも言う）は血行促進や疲労回復が期待でき、さわやかな香りはリラックス効果ももたらしてくれる。

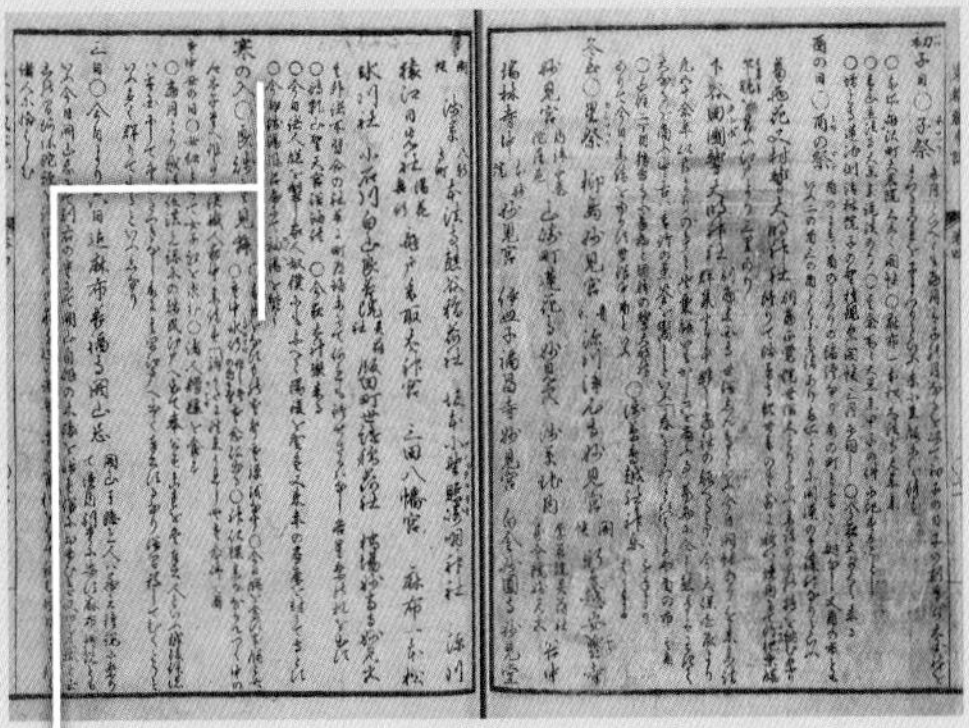

齋藤月岑『江戸歳事記 4巻 付録 1巻』
（国立国会図書館所蔵）

江戸時代からあった柚子湯

柚子湯には血行を促進して冷え性をやわらげたり、体を温めて風邪を予防したりする効果や、クエン酸やビタミンCによる美肌効果があると考えられている。江戸時代に書かれた『江戸歳事記』にも「冬至」の項に「今日、銭湯風呂屋にて柚湯を焚く」とある。

邪気を祓《はら》う菖蒲湯

古代中国から伝わった端午の節句の行事。邪気を祓うとされた菖蒲の根や葉を入れて沸かす「菖蒲湯」は、リラックス作用や血行促進、肩こりや腰痛予防などの効果が期待される。

（撮影：町田忍）

近くで温泉旅行気分

武蔵小山温泉 清水湯の「黄金の湯」

地方には鹿児島県のように市内の銭湯のほとんどが温泉という地域がある。東京でも主に城南地域（大田区、品川区、世田谷区など）に温泉銭湯が見られ、「黒湯」と呼ばれる温泉（地層の中の植物が蓄積・分解された成分が地下に溶け出したもの）が多い。品川区の「武蔵小山温泉 清水湯」では2種類の天然温泉を楽しめ、ひとつは黒湯、もうひとつの「黄金の湯」はヨード成分が豊富な東京でも珍しい黄土色の温泉。

「立川湯屋敷 梅の湯」には、2種類のサウナがあり、こちらは2階のロッキーサウナ。積み上げられた石をストーブで過熱して遠赤外線を発生。定期的に天井から水を落とし、やや低温で高湿度。ゴツゴツとした岩と細い丸太でロッキー山脈の山小屋をイメージしている（画像提供：立川湯屋敷 梅の湯）

心身ともにスッキリ！
根強い人気を誇るサウナ

　汗をかき、水風呂などでクールダウンを繰り返すことで自律神経や副交感神経を刺激するサウナ。日本国内でのサウナブームの始まりは、1964年の東京五輪がきっかけ。競技選手の間でサウナを要望する声が高まり、選手村に施設が造られたという。

　そして現在（2021年）も再び、サウナブームが到来している。熱狂的なサウナ愛好家は〝サウナー〟と呼ばれている。タナカカツキ氏の漫画作品『サ道』から、サウナに入ることによって得られる爽快感・恍《こう》惚《こつ》感を表す「ととのう」というフレーズが広まった。

コンフォートサウナ

こちらは梅の湯1階のコンフォートサウナ。一般的なサウナの様式で、遠赤外線を使い、やや高温で低湿度に設定されている。その日の気分で好みのサウナが選べるのが嬉しい。

（画像提供：立川湯屋敷 梅の湯）

女性に人気の岩盤浴

特に女性に人気の高い岩盤浴。「武蔵小山温泉 清水湯」（東京都品川区）では女性限定で岩盤浴場も完備。天然鉱石・天寿石は、鉱石の中でも遠赤外線放射率が群を抜いており、健康維持に効果があるのだとか。

免疫力改善効果も期待される清水湯の岩盤浴（撮影：町田忍）

戸越銀座温泉（撮影：町田忍）

二種類を日替わりで

「戸越銀座温泉」（東京都品川区）は、遠赤外線サウナとコンフォートサウナを完備。日替わりで男女を入れ替えている。夏場は80～85度、冬場は85～90度と比較的低温でじっくり入れる。

13 ペンキ絵のはじまり

子宝湯(江戸東京たてもの園内)のペンキ絵(画：中島盛夫／平成５年)(撮影：町田忍)

銭湯にはなぜ富士山？ ペンキ絵誕生のナゾ

湯船の向こうに見える白波と富士。銭湯といえばペンキ絵が思い浮かぶ。この絵は大正元年、現在の東京都千代田区神田猿楽町「キカイ湯(※)」(廃業)から始まった。増築の際、二代目主人が「子どもに喜んでもらおう」と壁面に絵を描くことを思いついたという。この背景画は東京中の評判になり、その後、東京のみならず全国で背景画を描く銭湯が増えていく。

富士山は古くから信仰の対象であり、末広がりのシルエットは縁起が良いと考えられてきた。好んで描かれたのには、そういった背景もある。

※汽船のボイラー(機械釜)を他店に先がけて導入し、この店名をつけたという

（所蔵：町田忍）

画家・川越広《こう》四《し》郎《ろう》

キカイ湯に絵を依頼されたのは静岡県出身の川越広四郎という画家だ。富士山を描いたのは、自身のふるさとの風景でもあり、日本の美の象徴でもあるからだろう。こちらの２枚は、2000年、川越広四郎の息子である川越秀夫氏（故人）から町田忍氏に届いた手紙の中に同封されていた写真。銭湯名は特定できないが、それぞれ異なる銭湯であり、まわりに写る広告やタイルの種類などから、共に大正時代に描かれたものと考えられる。

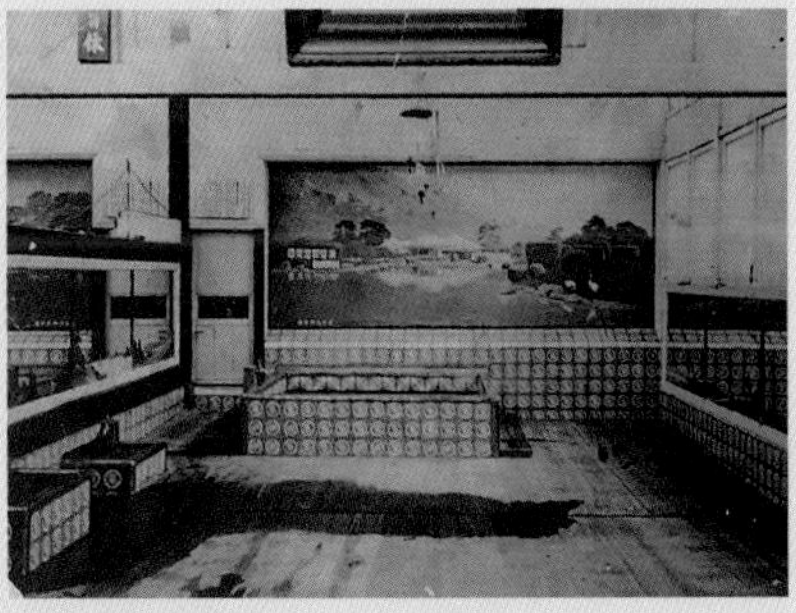

（所蔵：町田忍）

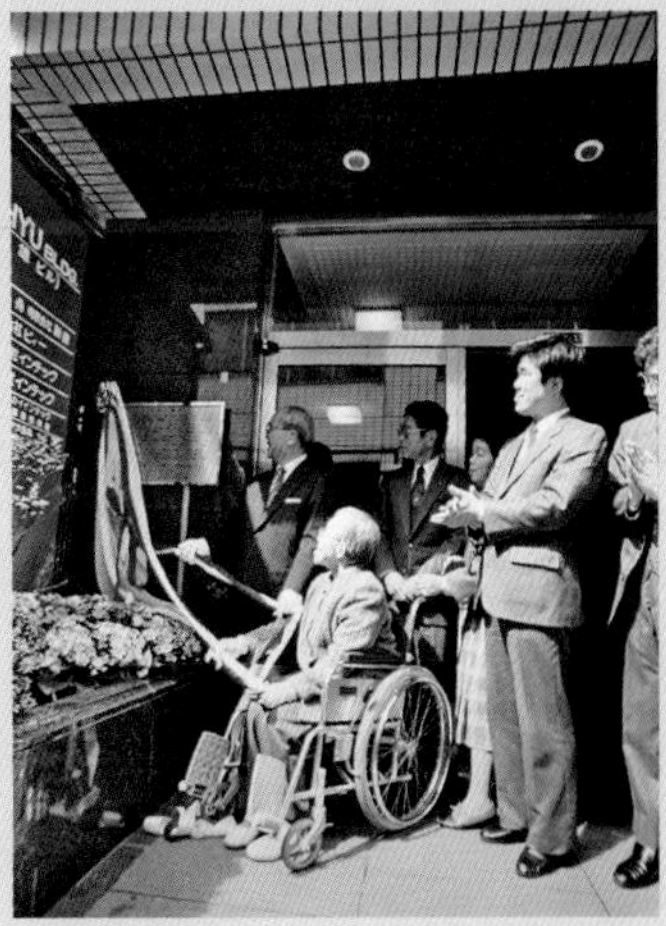

（撮影：町田忍）

ペンキ絵の始まりはここから

1992年、キカイ湯の跡地にペンキ絵発祥の地の記念プレートを設置。除幕式が行われた。

現役の銭湯絵師・中島盛夫氏（1945年生まれ）。2010年、燕湯（東京都台東区）にて撮影。描いているのは富山県の立山連峰。富士山以外のモチーフを描くこともしばしばだ（撮影：町田忍）

14 ペンキ絵を描く絵師

あっという間に早変わり 銭湯絵師のスゴ技

キカイ湯の背景画が話題となったことにより、広告代理店が近所の店から広告料を集め、背景画の下に広告を出すようになる。人が集まる銭湯は広告を出すのに効果的な場所。そしてその広告料で、銭湯へのサービスとして背景画が描かれるようになった。昭和40年頃の銭湯最盛期には銭湯専門の広告代理店が16社ほどあり、所属する絵師も数十人いたという。湿気で絵が傷むため絵は年に一度描き直され、絵師は一日に2、3軒も描いて回る忙しさだった。現在、絵師は全国でわずか数人となってしまった。

（絵師：故・柴田武寛）（撮影すべて：町田忍）

ペンキ絵ができるまで

男湯・女湯の１面がおよそ３×５mのブリキ板の壁面に、脚立に乗って描いていく。早朝から開店前の６～７時間ほどで描き上げる。ペンキが固まりやすいこともあり、急がなければならない。壁を白く塗り直したり、前の絵を落としたりする時間はなく、元の絵の上に直接新しい絵を描いていく。写真の６枚は、元の絵（尾瀬）の上から新しい絵（駒ケ岳）を描いていく過程。

（撮影：町田忍）

ペンキ絵製作に使う道具

ペンキは白、黄、赤、青が基本で、この４色を混ぜ合わせて様々な色を作り出す。ハケは壁にたたきつけるように使用。中島盛夫さんは空の部分を塗るのにローラーを使うことを考案。他の絵師もこれに倣い、製作時間短縮につながったという。

14

ペンキ絵コレクション

深い青色がきりりとした印象を与える富士山（絵師：早川利光、修復：町田忍・伊達ヒデユキ）（東京都荒川区・雲翠泉）

白雪をかぶった連山。背景画には架空の景色が描かれることもある。背景画の下に、近所の店の広告が並んでいる（絵師：故・柴田武寛）

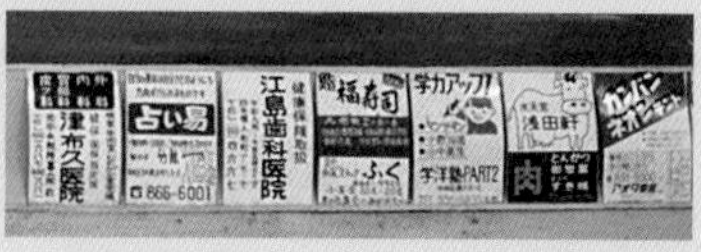

なんとこちらは中国の桂林。外国の景色が描かれることも。この背景画の下にも広告が見える（絵師：木村進）

（P64 ～ 65 撮影：町田忍）

「三重県志摩」と書かれている。海には真珠養殖いかだ（絵師：中島盛夫・町田忍）

神奈川県方面で活躍していた絵師の作（絵師：笹野富輝）

中島氏の背景画に、町田氏が北陸新幹線を描き込んだ

隅田川の向こうにスカイツリー、そして右端にはアサヒビールの本社ビルが見える。墨田区の荒井湯に描かれた、ご当地の景色（絵師：中島盛夫）

40年近くにわたり銭湯絵師を取材し、交流をしてきた町田氏。2010年頃からは自らもハケを握るように

故・早川利光氏の絵を修復（東京都荒川区・雲翠泉）

町田氏が一人で描いた絵（東京都練馬区・北町浴場）

「波を描くのは難しい」と町田氏

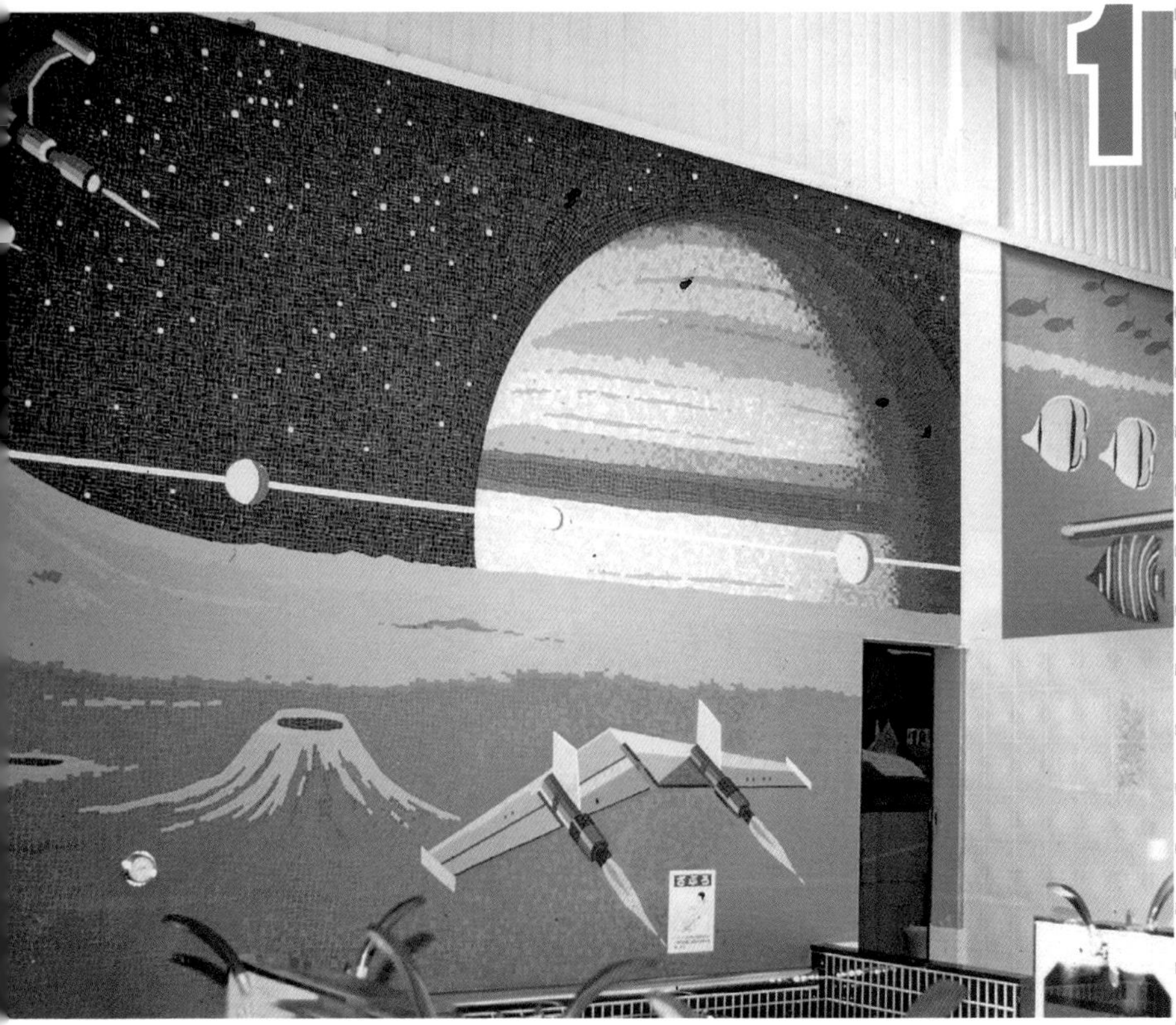

栄湯(東京都世田谷区上馬・廃業)に描かれた宇宙空間のモザイク画(撮影：町田忍)

宇宙空間あり、ヨーロッパのお城あり…自由な絵柄が楽しめるモザイク画

浴室の背景画をペンキ絵ではなく、小さなモザイクタイルを張り合わせて描いている銭湯もある。ペンキ絵よりも耐久性に優れているのが利点だが、反面、絵柄を変えたい時は大掛かりな改修が必要となる。

描かれている題材は宇宙空間ありヨーロッパの王城あり、と様々だ。「青空、富士山、海」といったペンキ絵でおなじみの青系統の色に限定されることなく、赤や黄など自由な色づかいで表現されている。宮造り銭湯よりもビル型銭湯で採用されていることが多い。

モザイク画にも定番あり

「あれ？この絵、他の銭湯でも見たかも…？」というモザイク画に出合うことがある。よく見るのが、ヨーロッパの山や湖の風景。これは見本帳から選ばれた絵柄のためだ。もちろん、その銭湯オリジナルの絵柄もある。

若松湯（東京都足立区）（撮影：町田忍）

ジオラマ風背景画

こちらは横浜市の「萬盛閣」（廃業）の背景画。壁からやや凹んだ部分に背景画が描かれ、その上に岩が張り付けられて、立体感のあるジオラマ風になっている。

（撮影：町田忍）

（撮影：町田忍）

岩風呂の風情

こちらは燕湯（東京都台東区）。浴槽と背景画の境目に張り付けられた岩は富士山の溶岩で、国立公園に指定される前に持ち出された貴重なものだ。

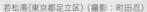

東京都墨田区・東向島の松の湯（廃業）のタイル絵。浴室の境の男湯側には、海で休憩している海女さんが、背景画下には鯉の滝登りが描かれている。九谷焼で作られている。奥のペンキ絵は故・早川利光絵師によるもの（撮影：町田忍）

宝船、鶴亀、七福神、富士山、錦鯉…極楽空間を演出する絵付けタイル

タイル絵とは男湯と女湯の境、背景画の下などに張られた絵付けタイルのこと。九谷焼で高級感があり、銭湯の極楽空間を構成する要素となっている。絵柄は宝船、鶴亀、七福神、富士山、錦鯉（＝お客さん来い）などの縁起物のほか、東海道五十三次や松島などの風景、おとぎ話が描かれているものも。

その多くに金沢の絵付けタイルの会社「鈴栄堂《りんえいどう》」の銘が入っていて、「章仙」「陶山」「胡山」など絵師の名も記されている。宮造り銭湯の建設が盛んだった昭和初期に普及し、昭和30年代まで作られていた。

その土地ならではのタイル絵

東向島の松の湯の絵付けタイルに描かれた海女さんたち。この絵柄は男湯側のみ。「鳩の街」や「玉の井」といった、かつての赤線地帯（私娼街）があった向島ならではの絵柄だ。

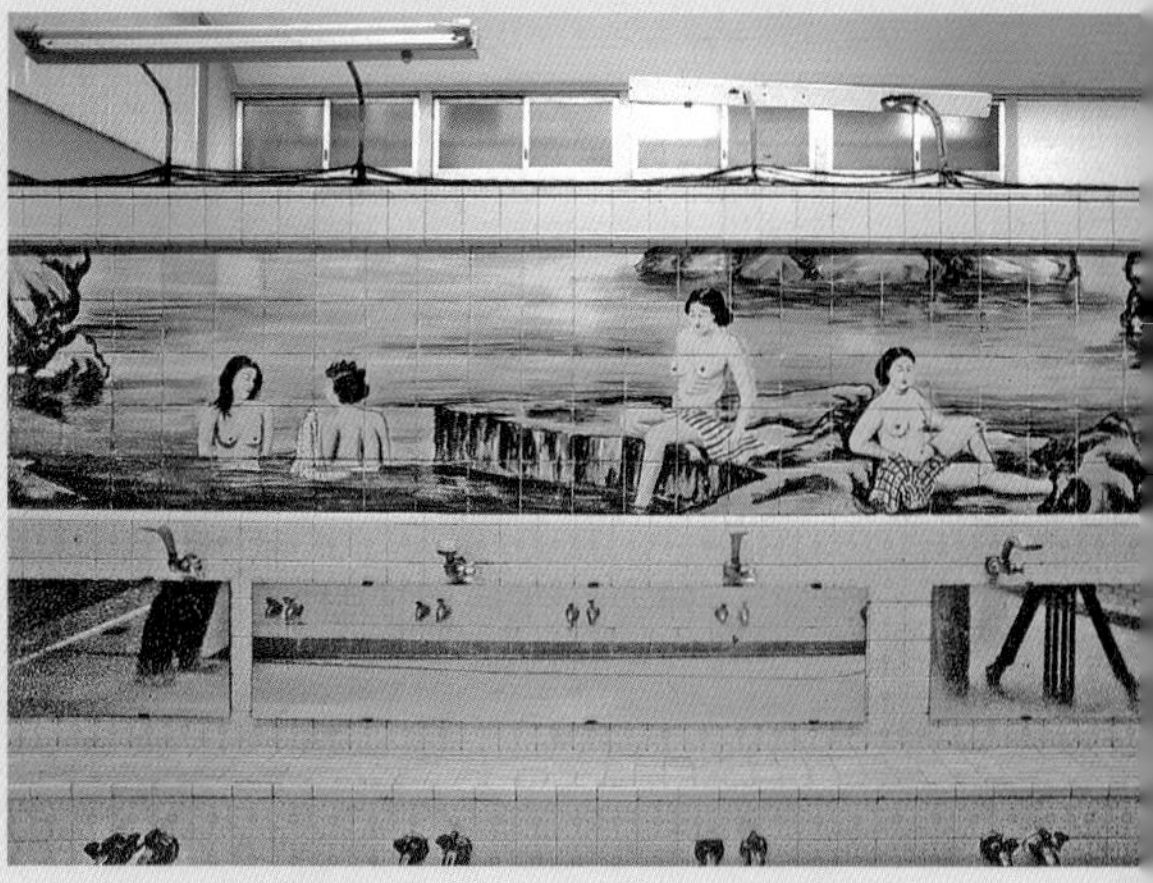

（撮影：町田忍）

タイル絵の定番「鯉の滝登り」

水中を悠然と泳ぐ鯉のほか、この写真のように滝登りする姿も見ることができる。鯉の滝登りは昔から立身出世を表す縁起の良いモチーフとされている。

人参湯（石川県金沢市・廃業）
（撮影：町田忍）

子どもに聞かせるおとぎ話

桃太郎、牛若丸などのおとぎ話のタイル絵は女湯に飾られることが多い。これには母親が子どもに話を聞かせてあげるというねらいがあったという。

16

松の湯（東京都目黒区・廃業）（撮影：町田忍）

17 広告、ポスター

春日湯（奈良県橿原市・廃業）の広告（1990年撮影）。電話番号が3ケタなので、かなり昔のものと思われる（撮影：町田忍）

人が集まる銭湯は広告効果が期待された

かつて銭湯にはたくさんの人が集まったため、広告を出すのに効果的な場所と考えられていた。ペンキ絵のページ（Ｐ62）でも紹介したように、広告代理店が集めた近所の店の広告が浴室や脱衣場に掲示されている。昔ながらの銭湯には今も手描きの古い広告が残されているが、近年の広告はポスターをそのまま掲示する場合が多いようだ。

かつて映画が娯楽の王様だった頃は、映画のポスターもよく貼られていた。現在では浴場組合が制作した入浴マナーを図解したポスターをよく見かける。

町の歴史を物語る

掲示される広告のほとんどが銭湯周辺の店。古い広告はその町の歴史も物語る。写真の広告、左から二番目の「巌流焼」は山口県下関市を代表する銘菓(どら焼き)。「水津梅月堂」は現在、屋号を「巌流本舗」に改めている。喜楽湯(山口県下関市・廃業)

(撮影:町田忍)

味わい深い映画のポスター

今は無き、浅草六区の名画座などのポスター。手描き風の文字が味わい深い。廿世紀浴場(東京都台東区・廃業)

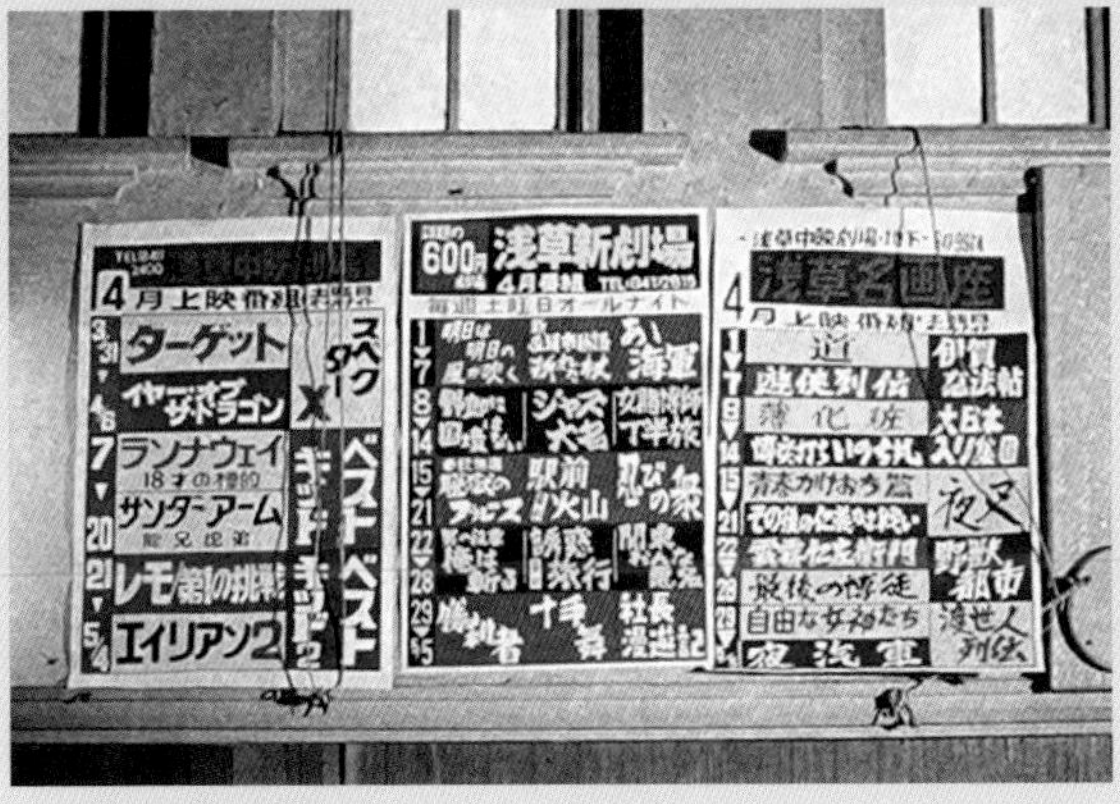

(撮影:町田忍)

広告募集の掲示

こちらはペンキ絵の下に掲示された広告。左から2つ目では老舗の広告代理店「背景広告社」が広告を募集していた。小平浴場(東京都小平市・廃業)

18

休憩所

「はすぬま温泉」（東京都大田区）のフロント前の休憩所。ナラの木がふんだんに使われている。ステンドグラスの窓が大正モダンの趣だ。白壁は漆喰。床にはデジタルサイネージの鯉が泳ぐ（画像提供：はすぬま温泉）

銭湯のもう一つの楽しみ、休憩所
個性を競う休憩所を堪能しよう

江戸時代や明治時代は風呂屋の2階が休憩所となり、人々は囲碁や将棋、茶や菓子を楽しんだ（P17）。その後、風紀上の理由で取り締まりが行われ姿を消していたが、昭和30年代からビル型銭湯が登場すると、それぞれの銭湯が個性的な設計・建築をするようになり、休憩所を造る銭湯も。

フロント前のロビーにテレビやソファを設置するところ、畳敷きで寝っ転がれるところ、マッサージチェアやリクライニングシートを置いているところ、ビールや軽食を楽しめるところなど個性も様々。

デジタル技術の鯉

「はすぬま温泉」の休憩所の床では、デジタルサイネージ(ディスプレイを通じて動画、音声、画像などの情報を発信するシステム)の鯉が泳ぐ様子を覗くことができる。四季に合わせて鯉以外のレアキャラが登場するので、子どもたちも大喜びだという。どんなキャラクターなのかは、来店してのお楽しみ。

(撮影：町田忍)

休憩のお供に軽食も

休憩所には軽食を楽しめるところも。「戸越銀座温泉」(東京都品川区)では、おつまみの定番の枝豆の他に、ソーセージフライやざるそばといったメニューも。2021年7月現在は新型コロナウイルス感染拡大防止のため休止中。

広々とした、くつろぎの空間(画像提供：清水湯)

湯上りに寝転ぶ至福のひと時

湯上りにのんびりと寝転びたい。そんな願望をかなえてくれる休憩所があるのが「武蔵小山温泉 清水湯」(東京都品川区)だ。広さ20畳の「寝ころび処」には、2時間の仮眠をとる人も。

(画像提供：戸越銀座温泉)

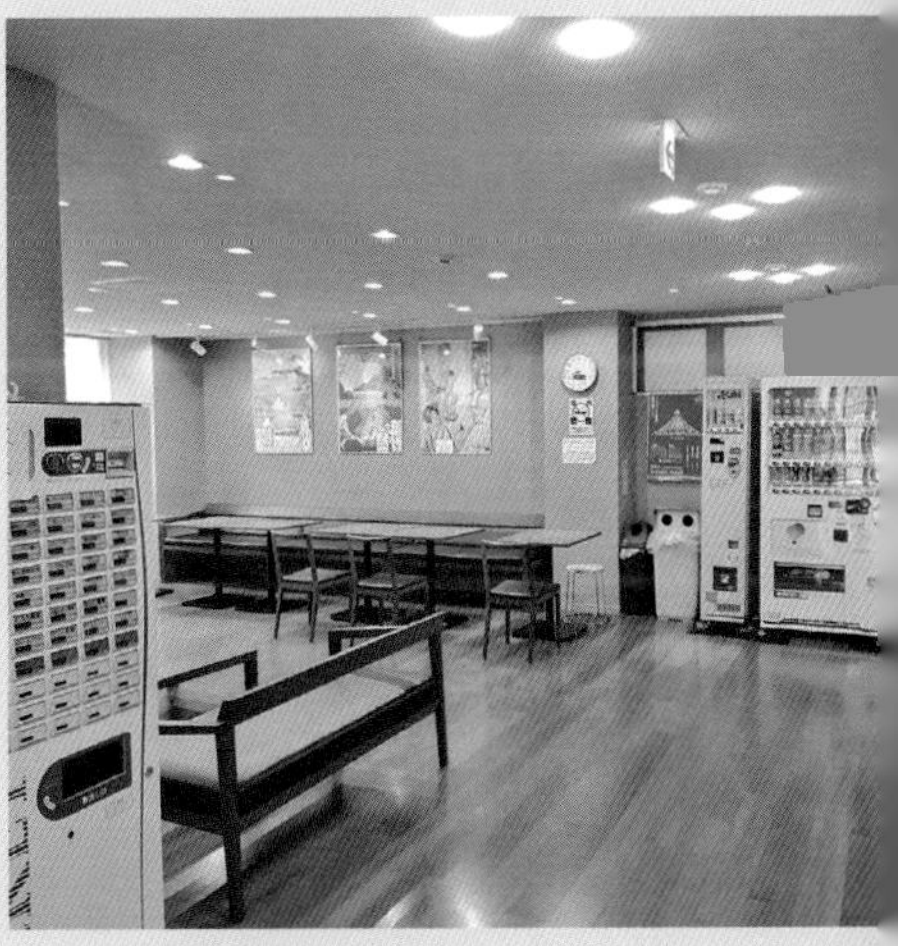

18

明神湯（東京都大田区）の椅子式ヘアドライヤー。開業した昭和 32 年当時からある年代物だが、ピカピカに磨き上げられて美しさを保っている

脱衣場や休憩所にある、銭湯ならではのアイテムに注目しよう

鏡の前には、美容院や家庭で使うのと同じハンドドライヤーが備え付けられている。この他、昔ながらの銭湯には上の写真のように椅子式のものが置いてあるところも。こちらは、その見た目の通り通称「オカマ」と呼ばれており、頭にかぶると温風が出るもの。昭和30年代後半に普及した。また、同年代にマッサージ機も登場。「三助」（背中を流してマッサージをしてくれる従業員）が姿を消しつつあった当時、その代わりにマッサージをしてくれるモノとして評判になったという。

極楽空間の総仕上げに

こちらも明神湯。コイン式で動くマッサージ機。銭湯によって置いてあるマッサージ機は様々なので、銭湯めぐりをするときはいろいろ試してみては。

腰に手を当ててゴクゴク！

湯上りのドリンクといえば昔から瓶の牛乳、コーヒー牛乳、フルーツ牛乳が定番だが、現在はスポーツドリンク、ミネラルウォーター、お茶など様々な飲料が販売されている。後者は町の自販機でも気軽に買えるが、瓶の牛乳に出合える機会は減っているので、銭湯に来たらぜひ飲みたいところ。

明神湯で販売されているドリンク。
ラムネも売られている

手ぶらで来ても大丈夫

近年は浴室にせっけんやシャンプーを備え付けている銭湯も多いが、購入することもできる。タオルを忘れてもこちらで購入すれば大丈夫。タオル、せっけん、シャンプー、リンスがセットになった「手ぶらセット」が販売されているところも。

垢すりも販売

江戸時代の銭湯では、番台で「糠《ぬか》袋」がレンタルされていた（P16参照）。現代では写真のように、垢すりが販売されている。

（撮影：町田忍）

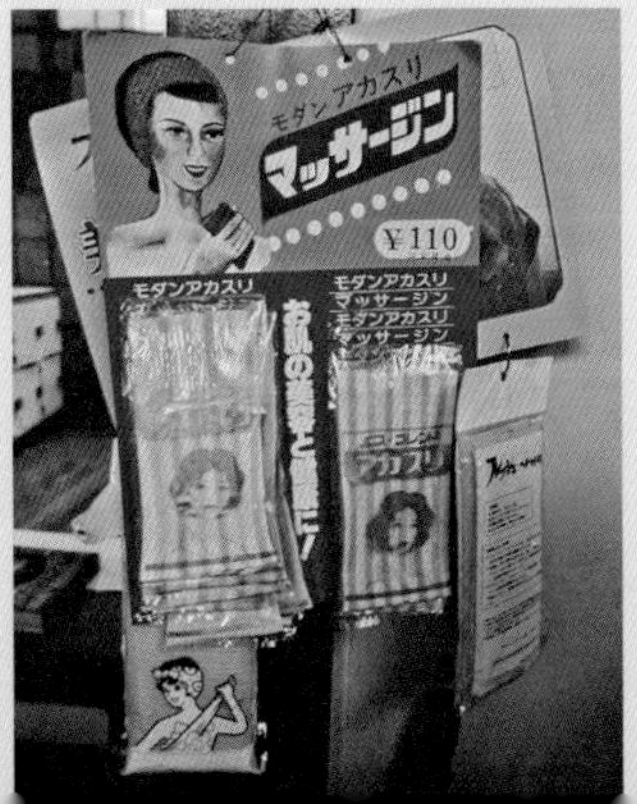

20 釜場

明神湯（東京都大田区）の釜。左はガスバーナー

銭湯の心臓部、湯を沸かす「釜場」。燃料は時代と共に変遷

浴槽、カラン、シャワーのお湯は「釜場」で沸かされる。薪、重油、ガスと時代によって燃料や設備は変遷してきたが、建物の奥や地下に湯を沸かす設備を備えているという点では、昔も今も変わらない。

釜場の室温は暑く、特に昔ながらの薪を燃やすタイプは、火を見ながらの作業となるため汗だくに。ボイラーのタンク（下風呂ともいう）の中には何本ものパイプがあり、それが燃料によって温められて水が90度ほどの高温に。そこに水を加え、適温にしたのちに浴槽に送られる。

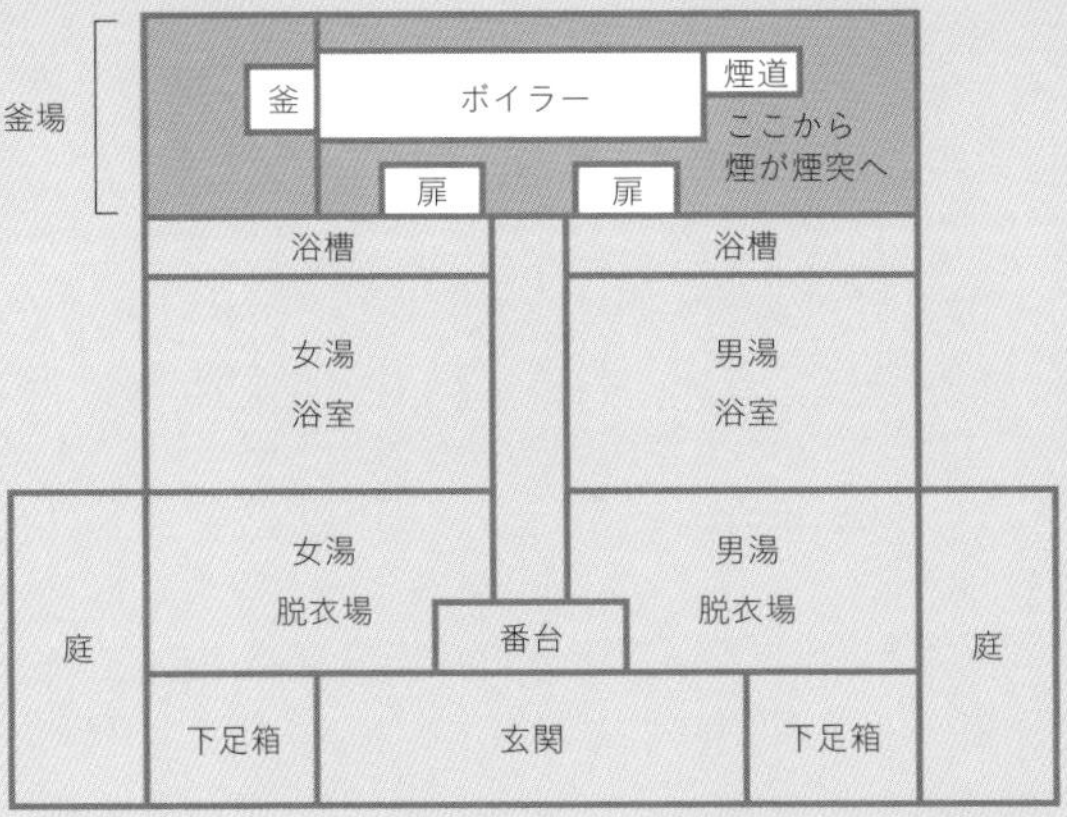

建物の最奥が釜場

標準的な宮造り銭湯の場合、こちらの図のように釜場は浴槽の裏側に位置している。浴槽脇に浴場と釜場をつなげる小さな扉があり、銭湯のスタッフだけが出入りできる。

薪を燃料に

昔ながらの釜場では建設会社などから廃材を譲り受け、薪を燃料にする。特に松がよく燃えるという。

明神湯

明神湯

銭湯の心臓部

写真の分厚い木の蓋の下が、ボイラーのタンク(下風呂)。釜で薪を燃やした熱はこの中に入っているパイプを通して水に伝わり、湯となる。

鳩の湯(東京都国立市)

最新式はガス燃料

現在、燃料はガス化が進んでいる。薪を置くスペースが不要で、重油よりも価格が安定していることが利点。釜はコンピューターで制御されるため、人がつきっきりになる必要もない。

20

煙突には銭湯の屋号を描く場合がほとんど。今でも住宅地にある銭湯の煙突は、遠くからでもよく目立つ（撮影：町田忍）

21 煙突

立ち上る黒煙は「まもなく開店」。町のランドマークであった煙突

現在のように高い建物が少なかった時代に、煙突は銭湯の場所を示すと共に、黒煙は「まもなく開店」を示すサインにもなった。戦前は警察が銭湯の管轄をしていたため、周囲の状況などから高さは75尺（23m）にほぼ統一されていた。

東京では主にコンクリート製の煙突だが、地方へ行くとレンガ製、ブリキ製、土管のものもある。燃料をガスに切り替えた場合は煙突は不要のため、改築などを機に解体撤去されることも。銭湯といえばそびえる煙突をイメージしていた時代は、いずれ昔の話になるかもしれない。

ロケット発射!?

ロケット発射型と呼ばれるもの。上部に内部掃除用のブラシを付ける金具が付いている。

さくら湯(石川県小松市。1992年撮影・現在この煙突はない)(撮影：町田忍)

永生湯(東京都目黒区・廃業)(撮影：町田忍)

命がけの煙突掃除

煙突掃除は体にゴザや麻袋を巻き付け、銭湯の横についている梯子を上り、煙突上部にロープをくくりつけて煙突の中を降りて行く。背中と足を壁につっぱらせ、体を回転させながら煤を落としていくという命がけの作業。

貴重なレンガ造り

銭湯におけるレンガ造りの煙突は珍しい。上部のデザインで煙突を造った職人がわかったという。

五色湯(長崎県佐世保市・廃業)(撮影：町田忍)

21

22 庭

タカラ湯（東京都足立区）の庭。大きな一枚板の石橋の下で優雅に泳ぐ鯉。縁側で風にあおられての夕涼みは最高（撮影：町田忍）

庭の池でゆうゆうと泳ぐ錦鯉。日本庭園か温泉旅館のような風情

東京の銭湯には広い坪庭を持つ銭湯がある。それぞれの銭湯が趣向を凝らしており、緑の木々が植えられ、中には池に鯉を泳がせたり石灯篭を置いたりと、まるで日本庭園のように豪華な庭も。

池でゆうゆうと泳ぐ鯉は、銭湯経営者に北陸出身が多かったことに関係があると考えられている。新潟県は錦鯉の生産地として名高いため、郷土から鯉が送られてくることもあり、錦鯉を飼うことを趣味とする経営者もいる。昔から鯉は縁起の良い魚とされていたため、愛されたのだろう。

岩が見事な庭

東京の銭湯の庭や浴室には、火山岩が使われているところも。こちらは江東区の常盤湯。男湯側の池側の庭には岩が組まれ、圧巻だ。

常盤湯（東京都江東区）（撮影：町田忍）

花火の見える露天風呂

男性側の庭。橋を渡り小山の上の東屋下が露天風呂になっていた。隅田川花火もここから見えた。

今戸温泉（東京都台東区・廃業）の東屋（撮影：町田忍）

船岡温泉（京都府京都市）（撮影：町田忍）

22

歴史ある石橋を使用

船岡温泉の池の上にかかる石橋は、京都に市電が開通した明治28年(1895)に邪魔になるので引き取られたという貴重な橋を使用している。この橋を渡り浴室へ行く。

コラム

町田忍の

江戸東京たてもの園「子宝湯」移築秘話

宮崎駿監督『千と千尋の神隠し』の参考にもされた名銭湯

営業中の子宝湯。堂々たる千鳥破風と唐破風が豪華だった

解体されたものを組み立て中。作業は慎重に進められた。瓦もなるべく古いものを使用した

子宝湯は昭和4年（1929）、東京都足立区千住元町にて新築された。この付近は名銭湯の集中している地区でもあった。かつて私が、キング・オブ・銭湯という名をつけた「大黒湯」の隣風呂でもあった。場所は旧色街と近い路地に面した場所にて昭和63年（1988）まで営業していた。新築時のオーナー小林東左衛門さんは当時子宝湯を含めて5軒の銭湯を経営していたという。その後平岡千代さん（大正5年生・故人）夫婦に引き継がれた。一般銭湯が2万円ほどで建てられた時に倍ほどの金額をかけたという豪華銭湯である。

江戸東京たてもの園（1993年開園・東京都小金井市）の開園準備中に、子宝湯が店を閉めるという情報が入ったため、調に入った。保存は決まり解体工事に入る作業となる。作業は、財団法人文化財建造保存技術協会のもとに進められた。子宝湯の周囲は道も狭く建物は敷地いっぱいに建っているので手作業が多かった。まずは保存するべきものと、廃棄するものに分けることからスタートした。アルミサッシ、モザイク画、浴槽などは廃棄、ガラス、番台、脱衣場天井などは保存とした。復元移築なので、最後の姿ではなく、昭和4年新築時の姿に復元するため、前出の平岡千代さんに当時の姿を思い出してもらった。特に九谷焼のタイル絵の題材は参考になった。タイル絵は金沢のタイル絵師石田庄太郎さんに特注した。ペンキ絵は中島盛夫絵師と一部私も手伝って二日かけて完成させた。当初はボイラーも入れ入浴できる計画であったが、諸事情で中止となったのが残念である。

浴室作業中、タイルも古いタイプに近いものを使用。ペンキ絵下の広告板は私の寄贈したものも一部レプリカで使用

完成した街並み正面に建つ子宝湯。煙突は残念なことに無い

（P82 ～ 83 撮影：町田忍）

コラム

語り継がれる名銭湯　廿世紀《にじっせいき》浴場

惜しまれつつ2007年に幕を閉じた、アール・デコ様式を取り入れたモダンな銭湯

P20で見てきたように、関東大震災後の大正末期から、東京の銭湯は宮造り建築がブームとなっていた。だが一方で、洋風でモダンなデザインの銭湯も造られていた。そのような洋風銭湯の代表例として台東区日本堤の「廿世紀浴場」が挙げられる。残念ながら平成19年(2007)12月31日に廃業してしまったが、その美しい姿から、今なお愛好家の間で語り継がれる伝説の銭湯だ。

屋号の漢字は「二十世紀」ではなく「廿世紀」と、大正ロマンを感じる。建築されたのは昭和4年(1929)。当時流行していたアール・デコ様式(直線と円弧を用いた幾何学的なデザイン)を取り入れ、脱衣所の窓は半円のモダンな形をしていた。外壁は旧帝国ホテルで使われていたのと同系のスクラッチ・タイル(櫛のような突起物で表面を引っ掻いた模様を付けたタイル)を使用。カランは全て金属製の旧型タイプで、浴室内中央のカランがある台には、飲料用の水栓があった。男女の浴室の間仕切り上に置かれた丸型電球の照明がレトロな雰囲気を醸し出していた。

番台に上がっていた島崎ヤヘさん(故人)は明治42年(1909)、富山県滑川の農家生まれ。13歳で奉公のために上京し、数カ所の銭湯で働いた。昔は睡眠時間4時間ほどで、月に一度の休みの日に浅草で映画を観るのが楽しみだったという。20世紀から21世紀にかけて、銭湯史に名を刻む存在であった「廿世紀浴場」。その記憶をこれからも語り継いでいきたい。

正面入口の上部に掲げられていた「廿世紀浴場」の看板は、現在、江戸東京たてもの園に保存されている

(撮影：町田忍)

第4章 日本各地の銭湯

ここからは、町田忍が全国各地の魅力的・特徴的な銭湯をご案内！ 地元で、旅先で、出張先で、時間を見つけて足を運んでみよう。入って後悔する風呂は無し。訪ねて感動しない銭湯は無し！

第４章の写真は特記が無い限り、すべて町田忍撮影

01 北海道・函館 ― 大正湯

大正ロマンの面影を宿す、港町・函館の和洋折衷銭湯

下見板張り（板の下端がその下の板の上端に少し重なるように張ること）の外壁は淡いピンク色に塗られている。全体的に洋風であるが、屋根に鬼瓦を使用するなど和洋折衷の様式だ

DATA

北海道函館市弥生町14-9　営 15：00～20：00
休 月・金　料 大人450円

ここからは全国各地の銭湯を見ていこう。

北海道の銭湯の屋根は雪が滑り落ちやすいようにトタン仕上げになっている。玄関は二重構造で、冷たい空気が建物の中に直接入らないように工夫されている。

函館の大正湯は大正3年（1914）創業。現在の建物は昭和2年（1927）に建て替えられた。函館は開明的な港町として栄えてきたため西洋建築の影響を受け、このようなモダンな造りとなったようだ。函館市の「景観形成指定建築物」に登録されている。

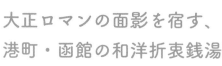

光が差し込む浴室

浴室は改装され、浴槽はジェット風呂とバイブラ風呂（気泡風呂）になっている。

レトロな脱衣場

脱衣場は築造当時の姿をとどめており、楕円形の鏡がレトロな雰囲気を出している。

戦火を乗り越えて

ご主人の小武茂さん（故人）と（2005年）。小武さんの話によると、戦時中に空襲を受けたが、裏手にあった土蔵が延焼を防ぐ防火壁の役目を果たし、火災から大正湯を守ってくれたという。

02

群馬県・高崎 ― 浅草湯

屋号に当時の憧れを反映した銭湯。熱帯魚が泳ぐ巨大な水槽が特徴

入口はブロック塀とガラスブロック、屋根はガルバリウム鋼板が使用されている（画像提供：浅草湯）

DATA

群馬県高崎市成田町 36-3　営 14：00 ～ 22：00
休 火　料 大人 400 円

創業は大正10年（１９２１）。百歳となるご長寿銭湯だ。まずその屋号が興味深い。当時の当主が東京・浅草の銭湯に見学に行き、その頃高崎では珍しかった宮造り形式を採用したことからこの屋号が付けられた、ということらしい。当時の浅草は日本一の繁華街。東京の北の玄関口である上野と近いこともあり、東北や上信越の人々には馴染みのある場所だったに違いない。

建物は昭和4年に焼失し、その後改築されたものが現存している。特筆すべきは男湯と女湯の間にある熱帯魚の大きな水槽だ。

木製ロッカー

年季の入った木製ロッカー。現在は使用されていない状態だが、存在感は十分。

気分は竜宮城

浴槽は台形で、入浴剤使用のため湯の色は緑色。男湯と女湯の境の壁には大きな水槽が埋め込まれていて、熱帯魚が泳いでいる。

（画像提供：浅草湯）

こちらもお見逃しなく

玄関入って正面に、昭和初期の改築時の小さなタイル絵が残されている。

東京型銭湯の面影を色濃く今に伝える
昭和レトロ銭湯

03

埼玉県・和光 ― 浩乃湯

（画像提供：浩乃湯）

DATA

埼玉県和光市白子1-24-39　営 15:00～21:00
休 月 ※祝日の場合は翌火曜　料 大人450円

埼玉県和光市に唯一残るレトロ銭湯。東京型宮造りで、カーブのある大ぶりの屋根がひときわ目を引く。

入口前が広いので全体の姿もよくわかる。煙突には温泉マークと屋号も入っており、遠くからも目印として役に立っている。千鳥破風下の唐破風部分の懸魚《げぎょ》は、松と鶴の縁起物。

和光市は埼玉県の中でも東京に近いこともあり、おそらく東京型の宮造り銭湯を手掛けた大工により建てられたと思われる。湯は地下水を使用している。

祝い額

新築・改築時など、出入りした工務店などから贈られた大入り祝い額は、今となっては貴重なオブジェのように見える。

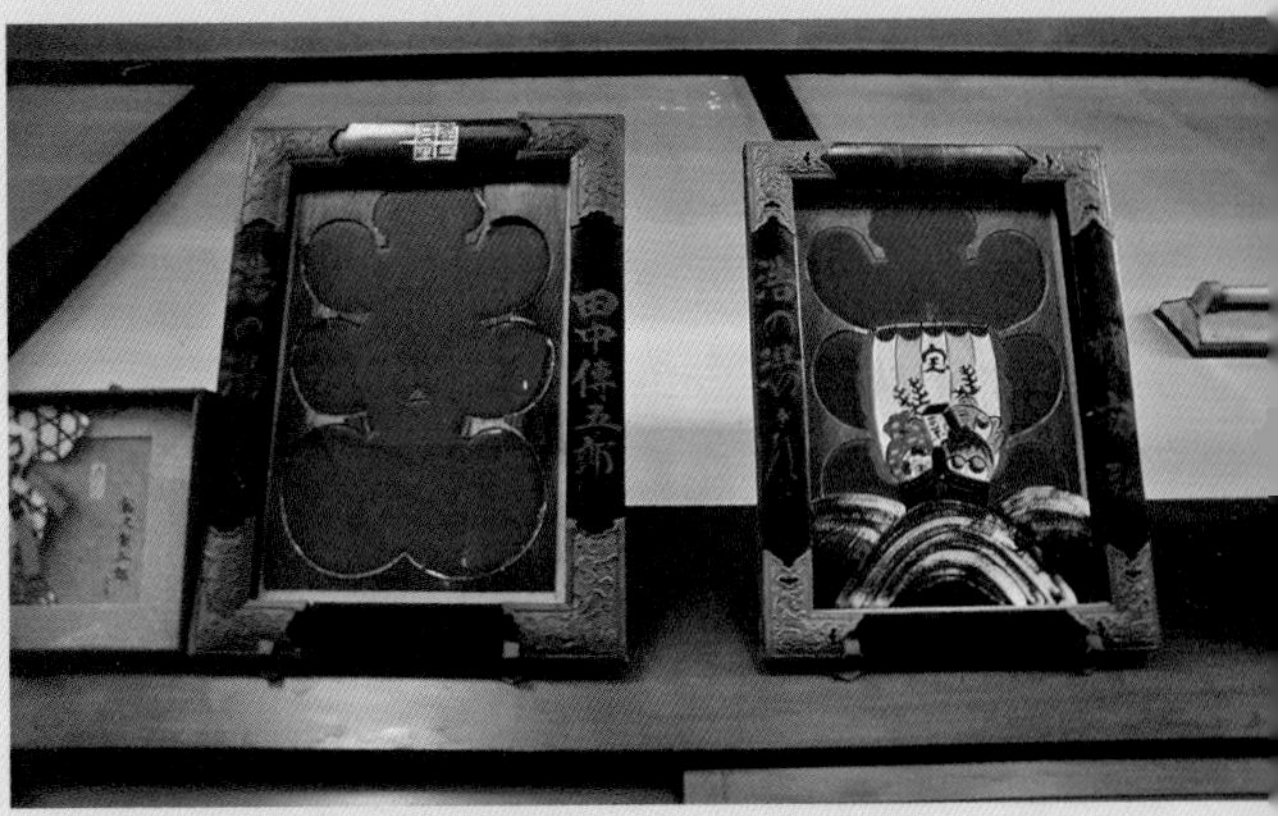

祝い額はその銭湯のステイタスでもある

富士山とイルカ

2013年に中島盛夫絵師によるイルカの入ったペンキ絵が公開製作され、町田忍さんが解説を担当した。左右の岩は溶岩を積んだもの。

モザイクタイル画

男女境にはかわいいモザイクタイル画がある。モザイクタイルは現場で30cm四方ぐらいごとに分けて全面に張られる。

04

東京都・北千住―タカラ湯

都内、否、全国一の見事な庭園を堪能しよう

入口上部には畳一枚ほどの大きさの七福神と宝船の彫刻が掲げられている。柴又帝釈天の彫刻を手掛けた職人の作で、この製作費だけで家が一軒建つほどだという

DATA

東京都足立区千住元町27-1　営15:00～23:00
休金　料大人470円

足立区千住にはかつて、江戸東京たてもの園に移築された子宝湯や、町田忍さんが「キング・オブ・銭湯」と名付け、2021年6月末日に惜しまれながら廃業した大黒湯など立派な宮造り銭湯があった。今なお銭湯の多い地域で、こちらのタカラ湯の庭は「キング・オブ・ガーデン」と呼ばれている、豪華な造りが特徴だ。

庭だけでなく千鳥破風の立派な宮造りの外観も堪能しておきたい。創業は昭和2年（1927）。現在の建物は昭和13年に建てられたものだ。

貴重なアングル

こちらは浴室屋根の湯気抜き窓（P50）から見たアングル（男性側）。かなりの高所だ。

緑がまぶしい縁側

P80でも紹介したとおり、タカラ湯の一番の見どころは庭園。ツツジ、アジサイ、紅葉など四季折々の花や木々が楽しめ、石燈篭が建ち、池には50年程は生きていると思われる鯉がゆうゆうと泳いでいる。湯上りに縁側の椅子で涼むのは至福のひととき。

明るく広い浴室

浴室は窓が多く、光がたくさん入る。気泡風呂、座風呂、赤外線風呂、超音波風呂など様々な風呂が楽しめる（女湯側）。北陸新幹線は町田忍さん画（裏面は富士山）。

05

昭和40年代まで盛んに建てられた宮造り銭湯様式が色濃く残る豪華な銭湯

神奈川県・横浜 — 仲乃湯

入口の構造が珍しい

DATA

神奈川県横浜市南区中村町3-207-8　営 15：30～23：00
休 土　料 大人490円

下町風情の残る八幡通り商店街から脇に入った通りにあるこちらの銭湯。外観は千鳥破風のある基本的には東京の宮造り様式だ。

入口は男女に分かれているが中に入ると同じスペースとなるというユニークなもの。煙突は神奈川銭湯によくある、ロケット発射型といわれる鉄塔型が特徴。

石川県出身のご主人が、昭和24年に創業し、昭和32年に現在の建物へ建替えられたという。

宮造り銭湯が姿を消しつつある横浜で、貴重なレトロ銭湯の一つだ。

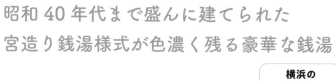

宮大工の技術

宮大工の技術を取り入れている折り上げ格天井。雲型飾りの支えは他に類のない豪華で貴重な造りとなっている。

富士と松原

改装時にも残したといわれる富士山と松のタイル絵。湯船は東京型と同様、正面にある。

見事な庭

脱衣場に面した手入れの行き届いた立派な庭には溶岩石などを多用。別に池もある。

難波の庶民に愛されるサロン的雰囲気たっぷり銭湯

06

大阪府・大阪ー出世湯

路地正面に控えめに建つ出世湯。しかし、内に入るとかなり広いことに驚く

DATA

大阪府大阪市生野区生野西1-2-2　営 14:00～24:30
不定休　料 大人450円

大阪の生野区は市内でも銭湯が多く集中している地区である。競合店が多ければ差別化を図るのは世の常で、銭湯も例外ではない。色々なアイデアが反映されたユニークな銭湯が多くなってくる。

大阪府公衆浴場業生活衛生同業組合のうち、生野支部では最盛期の昭和43年度は１０６軒営業していたが、現在は32軒ほどまでになってしまった。

出世湯は路地の正面にあり、外観はモルタル造りのシンプルなものである。今でも庶民感覚いっぱいの地域の人々に愛される銭湯として営業している。

円型風呂が並ぶ

出世湯の湯は全て肌に優しい軟水を使用。それぞれの浴槽は電気風呂、寝風呂、座湯など。そのほか打たせ湯、サウナ、岩風呂なども充実。

充実のドリンク

販売されているドリンク類の多さに驚いてはいけない。大阪の銭湯は、ドリンク充実度は日本一である。ひやしアメ、地サイダーなどローカルドリンクも多い。

広々としたロビー

外観からは想像できないほどの広いフロントロビーは、入浴後の憩いの場としては最高！

豪華絢爛な脱衣所に注目の京都の老舗銭湯

07 京都府・京都 — 船岡温泉

門からのアプローチが料亭のような唐破風の入口

※1 1932年の上海事変の際、爆弾ごと敵陣へ突入し突破口を開いた3人の兵士

※2 イスラム文化の影響を受けたイベリア半島で発祥した紋様のタイル。半立体で極彩色。遊郭の建築物などにも使用されていた

DATA

京都府京都市北区紫野南舟岡町82-1

営 月～土 15:00～23:30 日 8:00～23:30

不定休　料 大人450円

建物は創業年と同じ大正12年（1923）築。木造二階建ての料理旅館「船岡楼」の付属浴場として開業した。その後、外観・内部ともに改装されたが、脱衣場に戦前の姿を残しており、手の込んだ装飾が施されている。

脱衣場の天井には大きな鞍馬天狗＆牛若丸の彫刻。京都らしいモチーフだ。欄間には透かし彫りで「爆弾三勇士」（※1）や京都三大祭の行列などが彫られている。その上部には美しいマジョリカタイル（※2）。このタイルは脱衣場から浴室への通路も埋め尽くしている。

京都ならではの彫刻

脱衣場を見上げると、大きな飾り彫刻が。牛若丸が鞍馬天狗に武術を習っているシーンだ。

現代的な浴室

浴室は現代的だが一部に瓦の装飾を施し、古都の風情も感じられる。日本でいち早く導入された電気風呂をはじめ、ジェットバス・露天風呂・薬風呂など様々な風呂を楽しめる。

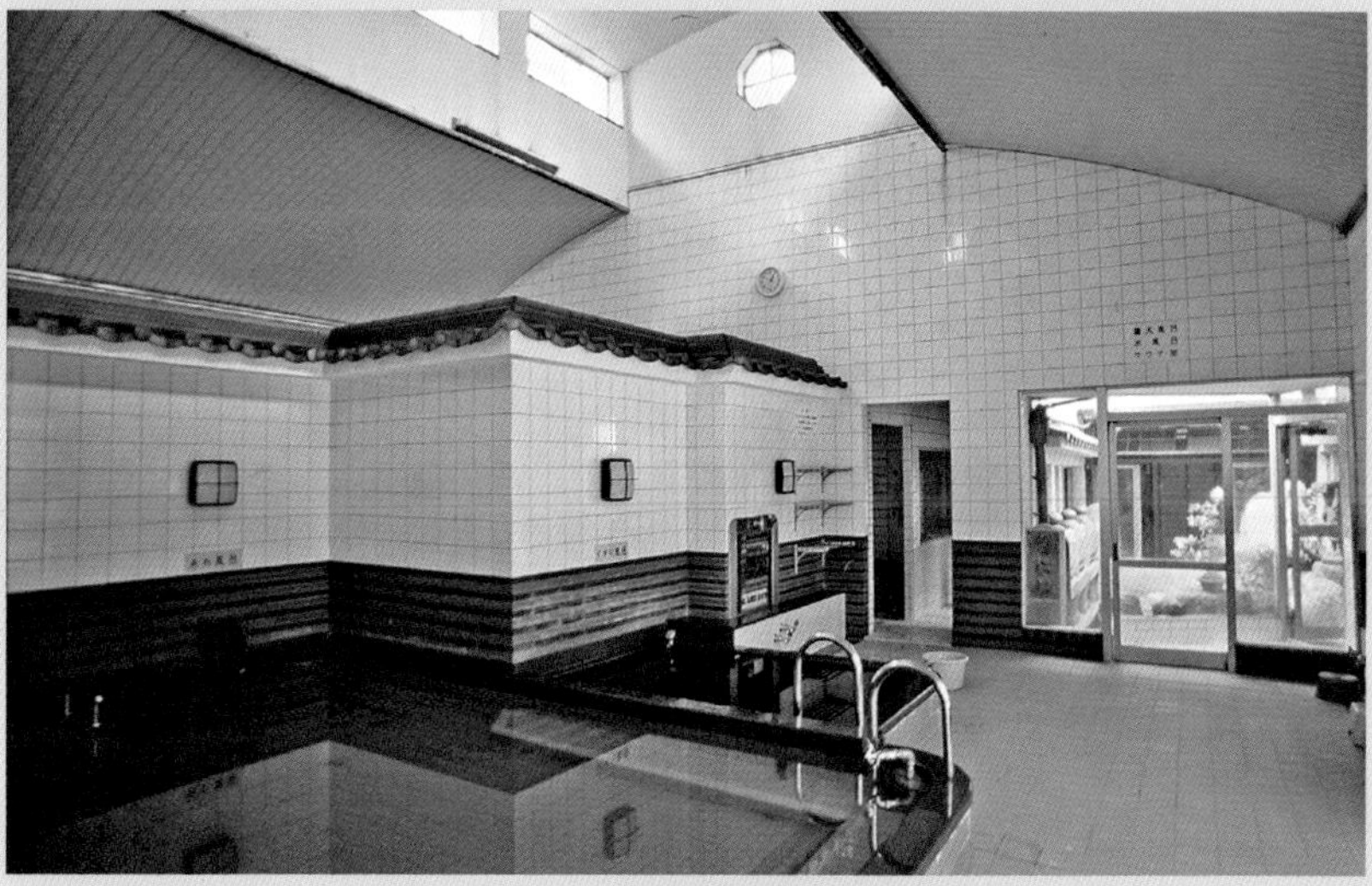

渡り廊下の石の欄干

露天風呂には岩風呂と桧風呂がある。こちらの写真は桧風呂から見た庭園。渡り廊下の欄干は、千本鞍馬口にあった菊水橋を移築したもので、京都市内に市電が走る時に撤去されたものだという。

奈良県・奈良—敷島湯

08

古都奈良に佇む 旅人ご用達の名物銭湯

つつましやかな佇まいがかわいらしい

DATA

奈良県奈良市三条町554
営 15：00～23：00（最終受付22：00）
休 月　料 大人440円

ＪＲ奈良駅から徒歩５分という近さにある銭湯。創業は70年ほど前だという。

入口両サイドはタイルとガラスブロック仕上げで創業当時の二代目と思われる。

反対側には、５台分の利用車無料の駐車場がある。突然開店前に訪ねたが、心よく内部も見せてくれた。

ＪＲ奈良駅が近いこともあり、旅行者や近所のホテル客もよく来るというのは納得できる。

小ぶりだが浴室の設備が充実しているのがうれしい。

奥に長い造り

うなぎの寝床のようになった浴室。アーチ型の天井中心部に小さな四角い湯気抜きがある。湯船口、泡風呂、電気風呂、薬風呂など充実している。

タイル張りの洗面所

浴室手前にある洗面所のような部分は京都などでも古い銭湯に多い。タイル張りの重厚な造りが特徴。

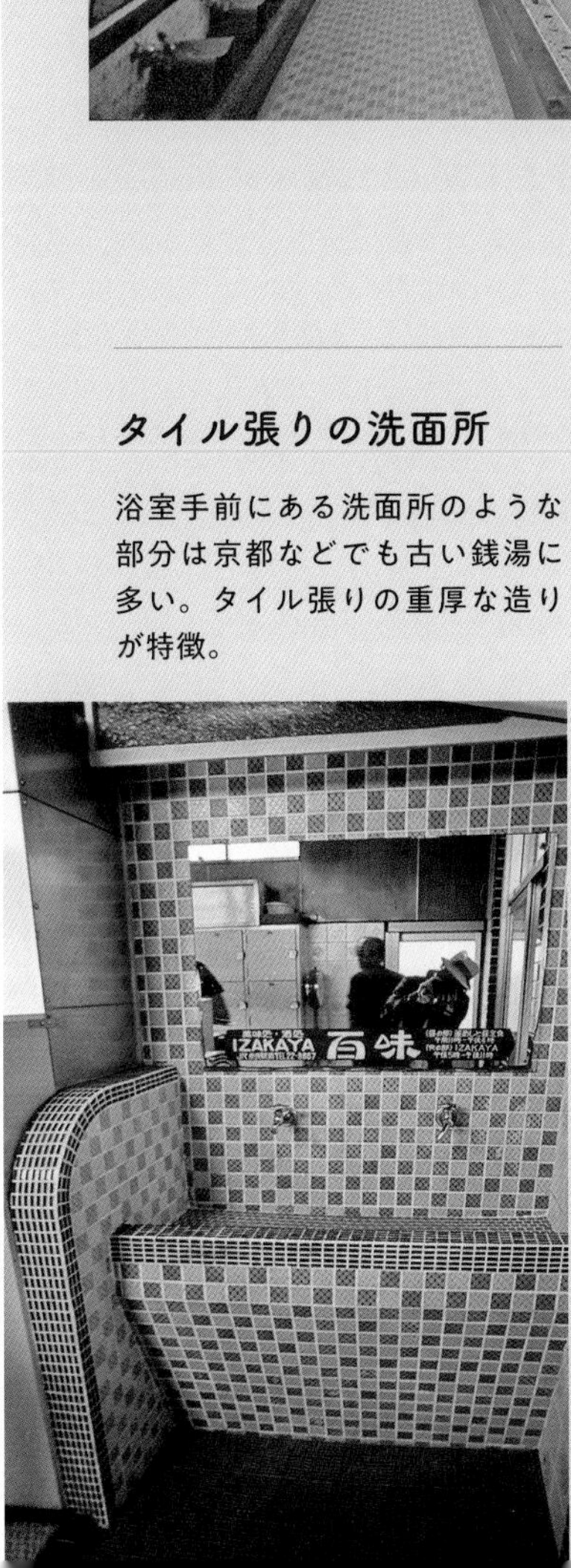

外国の風景のモザイク画

浴室つきあたりにあるサウナ室の上には、スイスの城が描かれている(おそらくレマン湖とシヨン城)。モザイク画がひときわ目を引くアクセントとなっている。

名前通りの大正モダン。現在は宿泊も可能に。

こちらは昔の写真。
現在はペンキが塗り直されています。

愛媛県・八幡浜——大正湯

男湯

100年以上前の姿のままの板が残り、洋風でモダンな外観（2001年撮影）。現在は建物の造りはそのままに、美しくペンキが塗られている

DATA

愛媛県八幡浜市1132-13　営 16：00～23：00（札止め22：30）
休 月曜日（祝日の場合は翌日）　料 大人400円

　昭和43年（1968）、銭湯最盛期には愛媛県の八幡浜には9軒の銭湯があったが、平成27年（2015）にはゼロとなってしまった。しかしその後、この大正湯は見事に復活した。常連客や八幡浜市、多くのファンなどの助けがあり、新たに改装を加え、1年後の平成28年に復活したというユニークな銭湯である。
　大正4年（1915）開業当時の姿を各所に残しており、現在は銭湯の2階に簡易宿泊ができる部屋もできているので、旅行者にとってはうってつけの銭湯である。

歴史の凝縮された脱衣所

入口は土間式で番台下は傘入れに。下足箱は男女境にある珍しい様式。

番台は前から出入りする

やさしい光がそそぐ浴室

改装前の浴室。現在はタイルを張り替えてある。天井からは自然光が入り、明るい浴室となっている。

駐車スペースにボイラー室

ボイラー室はなんと外の駐車スペースにあるが、お客さんとやり取りのできる小窓がある。燃料は近所の木工所からでる端材を使用。

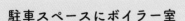

北前船の出入りもあり、貿易港・漁港として栄えた往時の姿を止める

10

山口県・下関――えびす湯

女性側目隠しは初めて訪ねた時はなかった。それ以外はそのままの姿だ

DATA

山口県下関市今浦町5-6　営 15：00 ～ 21：00
休 土　料 大人420円

えびす湯を初めて訪ねたのは、25年ほど前。このあたりはかつて関門海峡を通る北前船の寄港地として栄えた港町だ。

２００８年にえびす湯を再訪したところほとんど変わっていないのでほっとした。家庭的な雰囲気が気に入っている。

外観はシンプルで屋号の入ったつき出し看板が目印となっている。現在の建物は昭和25年（１９５０）に建てられたものだという。創業は大正５年（１９１６）という老舗である。

女性側の入口には目隠しが。小ぶりで風情ある銭湯である。

正方形のロッカー

手書きの文字が優しい印象を与える。木製ロッカーは東京型と異なり正方形。常連客は籠を使用することが多い。

奥に長い脱衣場

うなぎの寝床のように奥に長い脱衣場。マッサージ器は昭和30年代から使用中。

タイル絵がアクセント

浴室は創業後何回か改装されており、男女境に沿って湯船がある。女性側は富士山、男性側は鯉のタイル絵がアクセントになっている。

温泉天国の鹿児島、銭湯激戦区で
長年庶民に親しまれている天然温泉銭湯

11

鹿児島県・鹿児島―霧島温泉

DATA

鹿児島県鹿児島市西千石町6-20　営 6：00～21：30
休 1日・15日（土日祝の場合営業）　料 大人420円

鹿児島市内の銭湯はほとんどに朝風呂があり、天然温泉である。大正時代に創業した霧島温泉は、市内の繁華街で有名な天文館から10分ほどのザビエル公園近くの便利な場所にある。昭和25年に建てられたという三角妻入りで、正面上部は堂々と屋号が入った装飾が施されている。屋根奥に見える木造りの湯気抜きが歴史を物語っている。

　入口は男女に分かれており、番台型式だが東京の番台より高さが低く開放的。これは、ここに限らず地方銭湯の特徴となっている。

贅沢な造りの天井

脱衣場天井は秋田杉使用という贅沢な造り。自然木を各所に多用しているので心がなごむ。三つのカーブのあるアーチが男女境の壁となっている。

昭和の歴史を見つめて

浴室男女境にある女性像のモザイクタイル画は昭和 25 年の創業当時からのもの。

男女境にはガラスブロックも使用されている

湯船の位置が低い

湯船は低く洗い場の中心に。カランの下は桶置きの台がある。他サウナ、水風呂もある。

12

沖縄最後の「ゆーふるやー」。
独特の構造が興味深い

沖縄県・沖縄
中乃湯

創業は昭和 35 年（1960）。町田さんと、中乃湯の仲村シゲさん

DATA

沖縄県沖縄市安慶田 1-5-2　営 14：00 ～ 19：00
休 日・木　料 大人 370 円

スーパー銭湯、日帰り温泉、福祉センターの風呂などを除き、いわゆる銭湯のことを沖縄では「ゆーふるやー」と呼ぶ。昭和30年代には三百軒近くあったといわれる沖縄の「ゆーふるやー」も、2021年現在、この中乃湯1軒のみとなってしまった。

　入口にあるフロントのような受付で料金を払い、脱衣場へ。浴室との間に扉が無く、湯気が逃げてしまいそうだが、暖かい沖縄ならではの構造なのかもしれない。カランは座ると頭の上あたりにくる高さにあるので、立って使用する。

脱衣所と浴室は境のない
ワンルーム式

脱衣場と浴室が一体化

脱衣場と浴室がひと続きになっている構造。沖縄の他の銭湯も同じような造りだったという。浴槽は白い小判型で、女将さん自ら白いセメントで補修した結果、このような形になったという。

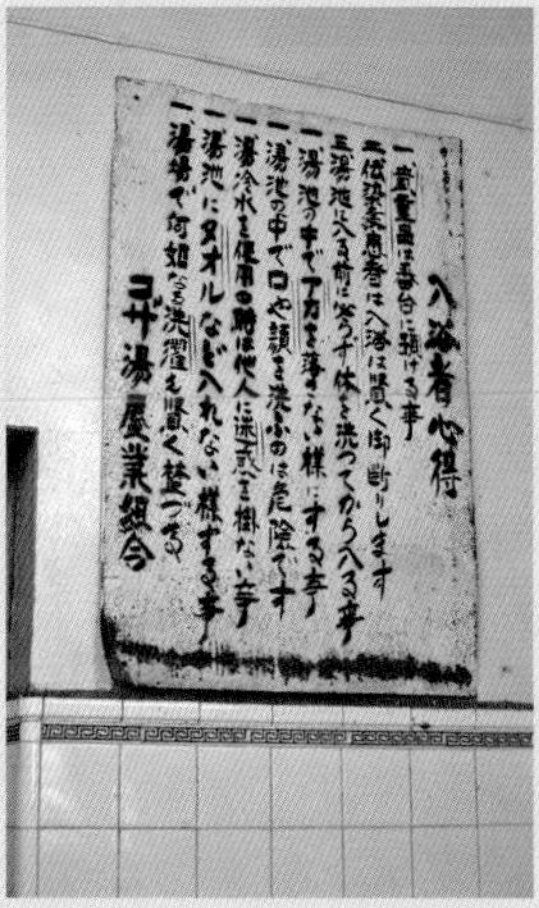

時代を感じる掲示物

昭和 30 年代の「入浴者心得」。「コザ湯屋業組合」の文字。「コザ」は 1956 年から 1974 年まで沖縄本島中部にあった市の名前。湯船が「湯池」となっている。

カランは頭上に !?

カランは頭の位置にあるため、直接シャワーのようにして使うこともできる。二つの蛇口にY字形のゴムホースが付けられ、自分で好きな温度に調節して使用する。

湯が熱いので、水と混ぜて使用するためのゴムホース

索 引

本書でご紹介、並びにご協力いただいた銭湯や施設名です。

な

は

ま

や

ら

わ

あ

か

さ

た

監修
町田忍

「江戸楽」編集部
取材・撮影・本文
尾花知美

デザイン・DTP
KAJIRUSHI

「江戸楽」編集部のご紹介

遊び心と粋な美意識があふれる「江戸」の伝統と文化。『江戸楽』は、江戸にまつわる様々な特集や、『その時歴史が動いた』でお馴染みの松平定知アナウンサー、歴史通の俳優・高橋英樹氏といった江戸を深く知る著名人による連載を通じて、江戸を学び、現代に活かすことができる暮らしの喜びや知恵をご紹介する文化情報誌です。

お問い合わせ先　「江戸楽」編集部
〒103-0024　東京都中央区日本橋小舟町 2-1 130 ビル 3F
TEL03-5614-6600　FAX03-5614-6602　http://www.a-r-t.co.jp/edogaku

懐かしくて新しい　「銭湯学」
お風呂屋さんを愉しむとっておき案内

2021年9月30日　　第1版・第1刷発行

監修者　町田 忍（まちだしのぶ）
発行者　株式会社メイツユニバーサルコンテンツ
代表者　三渡　治
〒102-0093　東京都千代田区平河町一丁目1-8
印　刷　三松堂株式会社

◎『メイツ出版』は当社の商標です。

● 本書の一部、あるいは全部を無断でコピーすることは、法律で認められた場合を除き、著作権の侵害となりますので禁止します。
● 定価はカバーに表示してあります。
© エー・アール・ティ ,2021.ISBN978-4-7804-2529-1 C2039 Printed in Japan.

ご意見・ご感想はホームページから承っております
ウェブサイト　https://www.mates-publishing.co.jp/

編集長：堀明研斗　　企画担当：清岡香奈